回首・揮手 李家同

李家同/著

五南圖書出版公司 印行

序

這本書不是自傳，因爲自傳都會詳細地記載事情的日期、地點和人物等。我是個健忘的人，看我的書就會發現，我並沒有詳細地記載這些資料。我也沒有詳細地介紹我的家庭等，我曾經看過有人的自傳，從他的祖父談起，所以這本書絕對不是自傳。

我寫這本書是因爲我的經歷相當地特別，我曾經被日本人統治過，也記得日本投降那一晚，上海的狂歡情形。我也記得解放軍進入上海。短短的幾年，我經歷了三次政權的改變，雖然當時是小孩子，但是當時的感受還是值得記錄下來的。

這本書當然記錄了很多發生在我身上的事，可是這些事情本身並不是重要的。對我而言，我對每件事情的感受才是值得大家參考的。比方說，我親眼目睹美國嬉皮運動的開始，即使在當時，我已經感覺到這個運動會對人類有一些相當嚴重的負面影響。我覺得很少人願意將自己的想法直接了當地講出來。

所以，這本書與其說是記載了我的故事，還不如說是記載了我的各種想法。我的確有個毛病，對於很多事情都會有些意見，我的意見常常和主流想法有所出入。在大法官的判決文後面，往往記錄了反對判決的大法官意見。我向來喜歡看那些反對意見，我發現這些反對意見往往是被人忽略的。我很感激五南出版社，使我有機會將我的非主流想法讓大家知道。

我曾經在上海經過三次大變動，後來我在台灣也經歷過巨大的風暴，其中最令我難忘的是美國和我們斷交。可是我在書中卻描寫了當年國家在提

升工業水準上的努力，使得我們從一個農業國家轉變成工業國家。當時國家的做法是非常腳踏實地的，完全沒有打高空。不僅在工業發展上是如此，在教育上也是如此。這種腳踏實地的做法使我們禁得起風暴，反而使國家的經濟大幅度的變好。我希望我們的年輕人知道國家如何能夠應付各種世局的變化。

我目睹了當年一些大老們如何帶領國家站穩腳步，我發現最重要的事情莫過於一切從基本做起，所以我創立了博幼基金會，同時設法鼓吹國家應該重視精密工業。但是我又非常強調，即使是最精密的工業，也是建築在基本知識和技術之上。

我對自己國家的前途是很有信心的，因爲我發現國內有很多人是默默地往下扎根，厚植國力。雖然我們的處境很艱難，我相信只要國人在各個工作崗位上都能實事求是，我們不必害怕國際上的紛亂。

有的時候，我常常想我這一生見過多少對國家不利的情勢，可是每次我們都安然度過了，我因此想起了陸游的詩「山窮水盡疑無路，柳暗花明又一村」。我已老了，能做的事愈來愈少，希望我們的下一代能夠一步一腳印，帶給國家光明的前途。

驀然回首，我才發現輕舟已過萬重山，是該揮手了。

目次

1 日本人占領的上海

我小的時候住在上海，當時上海是被日本人占領的。可是回想起來，我很少見到日本人，倒是知道當時的上海有人在幫助日本人迫害中國人。我上小學的時候，仍然感覺到這一點，因爲我從學校回家，好幾次碰到所謂的封鎖，封鎖是指整個區域的人全部都要走到街上去，也不能離開那條街。對我這個小學生而言，就是有家歸不得了。封鎖的目的在於搜索對日本人不利的中國人，我倒是沒有看到日本軍人，搜索的任務是由當時的警察來做的。我雖然只有小學一年級，也對這件事情感到非常難過，但也沒有辦法。

在上海，有所謂的弄堂，我就住在一個弄堂裡。弄堂口有一個日本兵，這個日本兵老得不得了，我看他已經是所謂老弱殘兵，我也不記得他有沒有什麼武器，大概也不會瞄準開槍了。他是一個很和善的人，雖然不會中國話，可是喜歡下中國的象棋。大家對他倒沒有什麼惡感，很多人很同情他，因爲一個國家的老人還要變成遠征軍，可以想見這個國家的年輕人已經

死得差不多了。因爲他很和氣，而且也實在沒什麼惡意，連我都和他下過一盤棋，我也不記得我有沒有贏。

日本投降是在晚上八點鐘宣布的，第二天我們兄弟上學，注意到一件事，那就是那位老日本兵不見了。可見得日本人的效率是不錯的。如果投降後，這位老兵還在弄堂口，有可能會遭遇到不幸。

雖然日本人占領了上海，上海仍然有好多外國人。我每天早上步行上學，會走過一個漂亮的住宅區，這裡都是一棟一棟的洋房，也都有很漂亮的花園。清晨就會有很多的外國老太太在聊天，這些老太太的一個特色就是圍巾是死的狐狸做的，把我嚇壞了。後來知道這些外國人多半是俄國人和德國人，當然也有義大利人，他們是可以住在上海的。

日本快投降的時候，我是小學一年級的學生，對很多事情搞不清楚。可是當時我們小鬼就注意到高年級的學生常常三三兩兩在討論原子彈的事

情，很多六年級的學生預測日本絕對不能再打下去了。我是偷聽到的，但是搞不清楚是怎麼回事。

有一天晚上，我們三兄弟都已經睡著了，忽然之間，弄堂裡的年輕人在大聲喧嘩。我們三個小孩嚇壞了，我媽媽趕快來告訴我們，日本投降了。我們當然沒有出去參加狂歡，小孩子到了晚上要睡覺的，所以聽了媽媽的消息以後，我們三人就又呼呼大睡去。

上海一夜之間到處都掛了國旗，回想起來，我不知道在此以前可不可以掛國旗，很多大樓都寫出V這個字。我當然不懂V是什麼意思，還是大人告訴我V就是victory，我到現在還記得上海街上的V。我雖然是小孩子，也和大人一樣感到高興，因爲我們不是一個被占領的地方了。對我而言，不用再擔心因爲封鎖而無法回家。

2 上海中西小學

我的小學是在上海念的，那所學校叫做中西小學。這所小學也沒有什麼特別偉大之處，但是我仍然覺得當年所受到的小學教育和現在多數小學生受到的教育是不同的。

我在小學的時候，每天到晚上八點就要睡覺了，因爲這是習慣，八點鐘就昏昏欲睡，如果不上床，那也會在椅子上睡著。大家一定會問，我們有沒有家庭作業？我只記得在學校放學以後要在教室裡做數學習題，老師會看我們的習題做得對不對，全部做對以後才能回家。

至於國文和英文有沒有家庭作業，我一點都不記得。我相信是沒有的，也就是說，我們的作業都在上課的時候做完了。我們每一天上課，必然有國文、數學、英文的課，所以我們所做的練習很可能是在上課時做的，回家就不管了。現在台灣小孩回家做作業，常常做得很晚，想起來我是幸運的。

我們當時並沒有從一年級就開始學英文，我記得非常清楚，英文字母是

從三年級開始學的。英文很強調基本句子練習，我記得每一堂英文課，老師會用英文和我們對話，我們的英文對話如果有錯，老師會糾正我們，所以我從小就不會犯基本的英文文法錯誤。這完全是因爲練習很多的緣故。

還有一點，我在小學用的英文教科書是美國小學生用的教科書，從美國運來的，所以我們的教科書不可以帶回家，因爲太貴了，只能在學校裡學。回想起來，我不知道爲何我能學會英文，因爲我回家以後從來沒有做過英文練習。稍候我會對這個疑問設法有一個答案。

我們學校沒有什麼段考或者大考，老師相當重視平時的練習，我們好像也沒有什麼學業成績的排名，我從來不知道自己是第幾名。我相信我當時應該是功課相當好的，至於爲什麼會如此，我一點都不知道。

我們的老師對我們的功課好像不大在乎，我從不記得有哪一位同學的功課非常跟不上。學校沒有排名，我的父母當然也不管我念得如何。當時上海

沒有補習班，所以對我來說，念書是很輕鬆的事。我不是唯一的一位，我們同學沒有一位是非常用功的，但是我們在學業上表現得非常好。小學畢業以後就要考中學，我們同學隨便考哪一所中學，都會考得上。以我而言，我曾經考過當時的上海中學和南洋模範，這兩所中學是當時的頂尖中學，我沒有爲了考試而準備，可是這兩所中學都錄取了我。

念完小學以後，我到了台灣，就和當年的同學失去聯絡了。後來還是有了一次同學的聚會，我發現我們所有的同學全部念了大學，而且全部念了最好的大學。絕大多數的人是從中國的北京大學、清華大學和交通大學畢業的，也有人是醫學院畢業的。有人從北京的外語學院畢業，這所學校的畢業生程度極高。我也是從台大電機畢業的。一個小學的班上，全部都可以念大學，這是很奇怪的事，因爲我念小學的時候，中國識字率只有百分之七。更不容易的是，我的同學都有很好的成就，有一位被認爲是中國的潛水艇之

父，他的確是一位非常厲害的工程師，有一位是聯合國駐亞洲一所研究所的所長。

我在和同學聚會時，問大家爲何我們會有這種成就，沒有一位答得出來。我告訴大家，並不是我們特別聰明，而是因爲我們的父親全部都是大學畢業的。我讀小學是七十年前的事，當時中國根本沒有幾所大學，讀大學的人在比例上是極小的，因此我們的父母就是特別的。我們也因此能夠在比較好的家庭中生長，我們雖然小的時候也沒有什麼用功，但念書就不會有問題。我爸爸在當時有聽BBC新聞的習慣，難怪我對英文沒有什麼恐懼。我們所有的同學沒有一位覺得英文是很難的。

我知道自己之所以能夠書念得很好，不是因爲我很聰明，而是因爲我有好的家庭。我也因此知道很多孩子之所以書念不好，乃是因爲他生長的環境不夠好。我們要特別幫助那些弱勢的孩子，否則他們是很難和別人競爭

的。

中西小學是一所私立小學，也是基督教小學，應該算是貴族學校。很慚愧的是，我根本不知道世界上有公立的小學，因爲我的玩伴都是念私立小學的。可是我小的時候也會在街上亂逛，我有一次發現在我們學校附近就有一所公立的小學，我立刻發現他們和我們不太相似。有一次，有一位那所學校的學生在我們學校門口閒逛，而且對我說了一些話，我當然不記得那些話是什麼，可是我知道他叫我們這些學生不要自以爲了不起。

我們同學之間有沒有覺得自以爲了不起？我們沒有一位有這種想法，我們認爲自己是普通的人。當時的國家雖然有嚴重的貧富不均問題，但我們也還小，根本毫無感覺。

也就是因爲我們的家庭很好，所以老師可以不用太注意我們的學業，因爲我們自然會學得很好。台灣有一陣子有體罰的事情，小孩子功課不好會被

打手心，我念的小學是沒有這種規矩的。我應該感謝當時的老師們，他們使我對於念書不感到恐懼，而且還會感覺到很有趣味。更重要的是，我們的學校雖然沒有各種的考試，但是我們都學得非常之好。就以英文來說，每天上課的英文口語交談當然使我在英文上有不錯的基礎。小學是一個打基礎的地方，如果一個小學生在小學畢業時國英數的基礎非常不好，將來絕對會有問題的。

3

抗戰勝利後的接收大員

抗戰勝利乃是所謂舉國歡騰的事件，我每天走路上學都會看到國旗到處飄揚，也到處都有V的標語。學校爲了慶祝蔣委員長的六十華誕，特別讓我們小朋友吃蛋糕。我們都看到了委員長和他夫人的肖像，我記得很清楚，那時候的蔣中正穿的是一種特別的軍禮服，好像全國沒有其他人可以穿同樣的軍裝。這種軍裝上面有很多流蘇，好像袖子上有很多金色的槓子，令我們羨慕不已。

有一天，蔣委員長到達上海，在跑馬廳接受萬眾歡呼，大概也發表了演說。我在巷子口看到他的座車開過，那是一輛敞篷車。雖然是個小孩子，也免不了想將來有一天做國家的元首，然後常常坐敞篷車出去接受歡呼。

可是我的爸爸告訴我，蔣委員長實在應該知道急流勇退的意義，我當時不懂什麼叫急流勇退。爸爸告訴我，這是我們國家最輝煌的時代，我們是聯合國的創始國之一，而且在安全理事會是有否決權的。滿清末年，我們被

迫簽訂的不平等條約已經全部一筆勾銷，上海過去是外國的租界，現在也歸還了。蔣委員長的事業也應該是到了頂峰，如果現在不下台，萬一事業走下坡，豈不是很可惜？我當時搞不懂爲什麼事業會走下坡，我爸爸也沒有向我解釋，因爲大概解釋，我也不可能懂的。不過，我很快就了解了。

抗戰勝利以後，有一個問題，那就是日本占領區的重建問題。當時日本占領區的政府被稱爲敵僞政府，他們的財產必須歸還給國民政府。政府派了很多所謂的接收大員到全國各地去辦理財產轉換的事務，很快的就傳出這些大官有嚴重的貪汙問題。

我的父親也曾經擔任過接收的任務，有一次，我們家裡收到一盒餅乾，我們孩子們欣喜若狂，因爲抗戰才結束，盒子裝的餅乾是很稀有的。可是，我媽媽發現這盒餅乾非常之重，立刻要我們稍安勿躁。打開以後，裡面全是金條，我媽媽立刻將盒子封口，退了回去。我們小孩子當然也知道這是

怎麼回事，也因此對這些貪官汙吏感到非常傷心。

我有一次偷看我哥哥的作文，我到現在仍然記得我哥哥作文裡的兩句話，「大雨洗盡了空氣的汙染，但洗不淨貪官汙吏心內的骯髒。」

我也從大人談話中知道了四大家族，這四大家族就是蔣宋孔陳。我念書的小學附近就是宋子文住的房子，我們小孩子都對這座豪宅極有興趣，也常常想偷偷進去看，當然都被警衛罵走。幾年前我又找到了這個豪宅，現在已經變成一個政府的辦公室。

國民政府的貪汙腐敗使得國民政府失去了民心，我相信大家都對當時的共產黨沒有很大的興趣，但是對於國民黨卻是相當地失望。我雖然是個小孩，也知道一個政府不應該如此腐敗的。

現在很少人知道爲什麼國民政府失去了大陸，在我看來，當時的貪官汙吏是最重要的原因。我到現在仍然不會忘記抗戰勝利以後，人民對政府失望的情形。歷史一定會記下這一筆的。

4 金圓券

我相信現在很少人知道抗戰勝利以後，國民政府曾經發行過一種貨幣，叫做金圓券。如果中央銀行裡有大量黃金，它所發行的貨幣當然應該是有價值的。所以當時的國民政府就要全國人民將黃金交給國家，金圓券就如此誕生了。

抗戰時期，兵荒馬亂，很多中產階級都會在家中存有一些金條。金條是一個很小的東西，但是絕對保值。政府要大家將黃金交給政府，絕大多數的國民也都遵守了這條命令，換到的是金圓券。

當時的中國已經面臨國共會戰，根本談不上歲收，但是卻要付出大量的軍費和公務員的薪餉。政府國庫已空，唯一的辦法就是印鈔票，印的就是金圓券，金圓券因此大幅度地貶值。到了最後，金圓券居然出現了一百萬面額的鈔票。民國三十八年，一石（六十七點九五公斤）米賣價是四億多金圓券。一客冰淇淋的價值是數百萬金圓券，所有物品的價格，早上和晚上都會

完全不同。

當時的信件還是需要郵票，但是郵票也一直在漲價，郵局已經來不及印較大面額的郵票，於是就有一種沒有面額的郵票。如果去寄一封信，需要貼多少錢郵票，郵局的辦事員會寫上那筆郵資，付了郵資以後，郵局會蓋章，這張郵票就有效了。

當時很多人的薪水是用麻布袋裝的，因爲金圓券太不值錢。也許大家會問，會不會有人在街上搶麻布袋？倒也不多，因爲一大袋的金圓券也不值什麼錢。

民國初年有所謂的銀元，銀元有兩種，一種銀元上面是袁世凱的像，另一種是孫中山的像。我們叫它們袁大頭和孫小頭，因爲袁大頭價值比較高。在上海，很多人都必須要用銀元，因爲金圓券實在沒有價值。政府雖然表面上禁止用銀元，但是上海所有的銀樓都在買賣銀元。

我們家也買了好多的米，放在廚房裡。這些米，日久天長就長出了好多米蟲，米蟲到處爬，很讓人發麻的。上海的米價大漲，也有很多的人趁機囤積。國民政府派了蔣經國先生到上海來打擊米蟲，好像沒有什麼效果。如果金圓券不斷地貶值，不肖的囤積商人絕對大賺，總會有人做這種生意的。

很多中產階級對政府失望透頂，因爲他們當年都相信政府，將家裡的黃金送給了政府。我知道我們家裡有些金條，所以我就問我爸爸，有沒有將黃金送走。爸爸告訴我，「永遠不要相信政府」。直到現在，我還記得這句話，這句話對我是很有用的。

台灣一直使用的是台幣，台幣沒有這樣的大幅度貶值，所以我們在台灣的人不知道金圓券是怎麼回事。

5

難民

抗戰勝利不久，國共會戰就愈來愈嚴重了，徐蚌會戰是一個關鍵點，報紙上刊登了很多難民的照片，火車裡擠滿了人，火車頂上也都是人。很多難民住在臨時搭建的帳篷裡。當時有一位老師常常提醒我們難民的可憐，也一再地提醒我們，這是內戰造成的。我們才打完抵抗日本人侵略的戰爭，當時已經造成大批的難民，沒有想到，過了兩年，我們的老百姓又要逃難。

內戰造成了江蘇北邊的農村完全垮掉，農民因此變成了難民，紛紛湧入上海，成爲流落街頭的乞丐，因此上海幾乎每一條街上都有乞丐。我的記憶中，很多小乞丐穿著棉衣，相當可憐。

有一天，我和我的一個好朋友到街上去閒逛，當天是星期日，街上幾乎沒有什麼人，我們走過一棟大樓，這棟大樓有一個階梯，忽然之間有一個東西從上面滾下來，停在我們面前。我們兩人立刻看出這是一具小孩的屍體，身上也穿著一件厚衣服。我們飛奔逃走，因爲這是我們第一次看到死

人。

我現在回想起來，流進上海的難民並沒有對上海的中產階級產生什麼影響，大家的聊天中，從來沒有提起這個問題。我相信這是當時中國人民的一個問題，知識分子對很多國家社會應該重視的事情，通常會漠不關心。這就給有心分子一個有機可乘的機會。

我們同學之間卻會偶爾討論內戰的問題，這完全是因爲有一位老師在上課時提到的。那位老師沒有對國民黨和共產黨多做評論，他一直提醒我們，老百姓在戰爭中是最可憐的。我一直非常感激這位老師，他多多少少讓我這麼小就成爲了和平愛好者（pacifist）。

難民之中也有一些人是會表演的，我放學回家常常會走過一個空曠的地方，有一次，有很多人在圍觀一個團體的表演，表演者顯然來自江蘇北部，他們都衣衫簡陋，其實是難民。我看到一個小男孩躺在一條長凳上，

有人在他的身上蓋了一塊白布，將他全身都包在白布裡。一個人拿了一把刀，繞著那個廣場跑，當時我就被嚇到了，因爲我覺得人拿刀跑是一件可怕的事，他一面跑還一面叫，最後他一刀對小男孩砍去，我嚇了半死，不敢看下去就離開了。我相信事後大家把白布拉開，小孩一定是活的，可是這場表演絕對沒有帶給我什麼歡樂，而是令我感到悲傷。如果沒有兵荒馬亂，大概不會有這種表演的。

6 換政權了

徐蚌會戰以後，國民黨軍隊兵敗如山倒，大家還寄望所謂的長江是天險，共軍絕對渡不了江。可是又有一個消息，說是某一個國民黨的砲台司令接受了共產黨的賄賂而投降了。於是，慢慢地，上海也被包圍了。

上海的市長叫做吳國楨，他住在我家後院的對面，當時的上海守軍司令叫做湯恩伯，他住在我家隔壁的隔壁。我總記得，有一天我在街上看到一個人面容嚴肅，低著頭走路，後面有兩位保鑣型的人跟著，這位先生西裝筆挺，我後來才發現這就是吳國楨市長。我猜他步行來見湯恩伯，因爲局勢愈來愈惡化，他當然也就笑不出來了。

不久，上海街頭巷尾都有了碉堡，每一個碉堡必定有一個士兵站崗。我們小孩子都說，難道要打巷戰嗎？如果巷戰，那眞會不堪設想。

湯恩伯的公館前面也永遠有一名荷槍實彈的士兵站崗，每天晚上都可以聽到砲聲，我們因此知道解放軍已經愈來愈靠近上海了。說實話，我們家

裡有點恐慌，可是爸爸也還是盡量地安撫大家。我總記得，有一天砲聲沒有了，爸爸反而告訴我們情勢不好，砲聲停止表示國民黨軍隊在撤退之中。自從那一天以後，我們就沒有聽過砲聲了。

我們小孩子還是照常上學，我記得，在某天的上午十點鐘左右，老師緊急告訴我們下課了，所有學生立刻整理好書包回家。走出校門的時候，發現爸爸來接我們。爸爸早上發現湯恩伯公館前的士兵不見了，立刻到學校來告訴校長這件事。校長當機立斷，叫我們回家，以策安全。對我們小孩子而言，這是一件歡天喜地的事情。

回家的路上，所有的碉堡都空無一人，回到家以後，爸爸告訴我們上海可能會有一陣子是無政府狀態，叫我們不要出門，也就是大門要深鎖。第二天早上，我仍然看到報紙送來了，報上的頭條是上海解放的新聞。雖然當時我只有小學四年級，看到上海解放四個字，心裡還是不舒服的，因爲我們多

半對共產黨沒有什麼好感。而且報紙的謳詞用語也一夜之間改成另外一種形式，這使我感到所謂的世態炎涼，人會變得如此之快，令我非常痛心。

果眞無政府現象出現了，大家都知道湯恩伯已經離開了，所以大批的人到他的家裡將所有東西搶劫一空。我們從窗子裡可以看到那些傢俱被搬走的情形，我知道這些傢俱是非常値錢的。現在回想起來，那些傢俱是法式傢俱，法國皇宮裡都是用這種傢俱。有一對兄妹搬走了一個單人座沙發，這個沙發也非常講究，是高背的。他們搬到我家前面，來了一個人喝令他們停止，這兩個小孩居然不約而同地跪下求那位先生不要管他們。其實那位先生也沒有權利管事了，他大概是個警察，可是當時也沒有穿制服。他看到那兩個孩子跪下來，也就離開了。我很想去看看湯恩伯家是什麼樣子的，可是爸爸不准，很可惜。當然裡面有傢俱會比較好看。

不久，整個大陸全部成爲共產黨的天下。我還聽到毛澤東發表的建國宣

言，他一口湖南話，我的媽媽是湖南人，可是我完全聽不懂毛澤東在講什麼。

我當時還不是天主教徒，可是我知道天主教的修女們都是非常和善的，但是共產黨不斷地攻擊天主教會。有一天我在報紙上看到一則消息說，某一個地方的天主教修女們如何地虐待兒童。我對此事極其反感，雖然知道是不可能的，但當時也不知道這是共產黨故意做的假新聞。

7

我小時候的看書習慣

我小的時候作文就很好，當時我並不知道原因，現在回想起來，這完全是因爲我從小就有看書的嗜好。小學二年級，大概只能看童話故事，像小紅帽、大野狼等。雖然當時很小，我仍然會覺得這些故事不太合理，有一次，我去找老師理論，老師告訴我童話不是眞的。我了解了以後，反而對看故事書更有興趣，因爲故事可以將我帶到一個胡思亂想的世界。

到了三年級，我爸爸認爲我不應該只看童話了，他要我看三國演義和報紙。我一開始覺得自己一定不可能看得懂，沒有想到，我是看得懂的。桃園三結義最有趣，我們兄弟三人因此也在門口一家小店買了劍、大刀和長矛。我是老二，玩的是大刀。三個頑童居然在房間裡互打，媽媽喝令停止，我們不理。當時我最靠近媽媽，媽媽不僅奪走了我的大刀，還用大刀打我的屁股。抗戰才結束，物資極爲缺乏，玩具是木做的，但質料極差，所以我的大刀一下子就斷成兩截，令我痛心不已。哥哥和弟弟仍然在院子裡互

鬥，不久，劍和長矛也報廢了。

爸爸要我看報，使我多多少少知道了局勢，徐蚌會戰也成了同學們談話的話題，大家都無法了解解放軍為何可以打勝仗。

小男孩多半會看武俠小說，當時流行的武俠小說是《蜀山劍俠傳》。我雖然對故事著迷，卻不相信有那種武功。理由很簡單，如果人能跳得那麼高，跑得那麼快，為何不到奧林匹克運動會去比賽？

我哥哥常有辦法借到偵探小說來看，我因此在小學時期就看完了福爾摩斯探案，每一個故事都令我著迷，比方說，福爾摩斯注意到一盆牛奶，但這戶人家卻沒有養貓。還有一次，福爾摩斯注意到牆上掛的一把毒箭，是南美洲土著用的。最有趣的是，主人被殺而狗沒有叫。我注意到英國人常到外國去，因此也使得英國小說的內容比較豐富。

8

野馬式戰機和米格機

我小的時候非常崇拜空軍，那個時期有一份雜誌，叫做《我們的空軍》，我因此知道了B-29、B-24這種重型轟炸機。當時的國軍當然沒有B-29，記憶所及，我記得B-24在上海上空投彈，但我不知道這到底是美國的飛機還是從台灣起飛的飛機。我可以確定的是，我最喜歡看到的是野馬式戰鬥機。這種小型的戰鬥機可以投彈，但必須俯衝再爬起。二次世界大戰時，這類飛機用得很多，我很熟悉這種戰鬥機。

上海淪陷以後，國軍常常派空軍去上海轟炸，這些轟炸都不會造成平民死亡，但是轟炸前的警報聲卻使我終生難忘。現在每次聽到放警報，總使我想起當年被轟炸的狀況。日本投降以前，美軍常常實施對上海的夜間空襲，警報響起，家家戶戶必須關燈。當時我爸爸在重慶，媽媽會將全部家人集合到一間房間，仍然開一盞小燈，燈上罩了一個黑色罩子，窗簾也拉上，直到解除的警報響爲止。我相信媽媽應該是擔心我們小孩害怕，其實小

孩是不懂的，因爲當時美軍的空襲好像也不會炸平民區域。

國軍的空軍在上海轟炸時，共產黨軍隊只能以高射砲還擊，好像沒什麼用，從未聽到國軍的飛機被擊落。可是有一次夜間攻擊，很多上海市民看到空中的爆炸火光，也聽到爆炸的聲音。從此以後沒有國軍的飛機來轟炸了。

之後我看到非常快速的飛機在上海的天空呼嘯而過，才知道這就是所謂的米格機，也是噴射戰鬥機。這些米格機都來自蘇聯，相信當時的飛行員也是俄國人。我們同學都會談論到米格機，我有一個感覺，那就是國家一定要有強大的科技實力，否則絕對不可能成爲強國。我所崇拜的野馬式戰鬥機的確是不能和米格機相比的。

米格機的出現，對我來說是一個重要的事件，我到現在還記得第一次看到米格機的快速飛行以及它所造成的震撼性聲音。從此以後，我一直希望

自己的國家有相當好的科技，因爲作爲一個小孩是看不到最精密的工業產品的，但是我卻看到了這種令我非常好奇的噴射戰鬥機。我後來決定要念工學院，也和米格機的出現有一點關連。

9

我在上海讀初中的回憶

我小學畢業的時候，考上了很多學校，可是家人還是要我念我家附近的一所天主教會辦的學校，這所學校叫做聖方濟中學，現在已經不見了，變成某某公立中學。我在這所學校只上了兩個月左右的課，因爲媽媽帶我和弟弟到香港去了。

這所中學是很嚴謹的，比方說，以英文來講，我們要練習寫很漂亮的英文字母，當時發給我們英文書寫體描本，一再地練習以後，當然英文字就寫得很漂亮，很像電影裡的人寫的字。後來我到台灣來念書，從來沒有這種英文字母寫字的練習。

雖然在聖方濟的時間很短，我卻記得很多事情。比方說，我的音樂老師是我們國歌的作曲者，當時同學們都知道，可是也不太願意去問他，因爲政權已經變了。後來聽說他在文革時，仍然因爲他曾替中華民國作過國歌而被鬥爭。

我一進了中學，就做了班長，已經記不得是選出來的還是老師指定的。班長沒什麼事做，但有一次被派去參觀一個設施，對我們學生來講，只要不要上課都是好的。沒有想到，是共產黨抓我們一些學生去一座監獄，這個監獄裡是當年國民黨政府囚禁共產黨的地方。他們要我們這些孩子們看的，是種種的刑具，當然是相當恐怖的，而且還有詳細的解釋。這件事我從來沒有和任何人談過，包含我的家人，因爲我要設法忘掉這個經驗。我忘得非常徹底，現在我已經完全不記得這件事，我唯一記得的是那位講解的人，其他的事情變成了一片空白。

我後來知道，人有忘掉某件事的能力，如果我們一直記得一些恐怖的事情，這對我們的心理會很不好。虧得我將這件事忘得一乾二淨。

在短短的兩個月中，我們學校成天講抗美援朝，朝是指朝鮮，也就是韓國。韓戰是史達林幕後指使的，因爲美國的參加，北韓節節敗退。蘇聯當然

不肯出兵，但是不知何故，毛澤東居然派了軍隊進入韓國打仗。當時的口號就叫做抗美援朝，這些軍隊沒有穿中華人民共和國的軍裝，他們當時的北京政府說他們是志願軍。我們學校的高中生也有一些人決定參軍，學校還舉行了盛大的儀式歡送他們。

抗美援朝是一個悲劇，不知道有多少年輕人死在這場戰爭中。我當時就認爲不該出兵到韓國去，但是從來不敢講一句話。我在那個時候就對共產黨發動的各種運動感到厭惡，因爲每次要發動什麼運動，就有各式各樣的遊行、各種的演講等，我心裡一直在問一個問題：難道治國一定要這樣做嗎？國家的建設要靠運動來完成嗎？

10

到香港了

我念初中一年級時，我爸爸已經到了台灣，用轉信的方法，希望我媽媽帶孩子們先去香港。當時我的祖母身體不好，無法長途奔波，因此我的哥哥就要留下照顧奶奶。離開上海的時候，我覺得很捨不得奶奶，因爲畢竟和她在一起十幾年了。當時有一個願望，希望有一天能夠長大成人，好好地侍奉奶奶，可是我的願望沒有能夠實現。

從上海到香港是坐火車，很舒服的臥舖，我和弟弟能夠坐到火車當然感到非常興奮。當時的火車很慢，要坐好幾天才能到廣州。有一次，在江西的某一站停了很久，就有小販賣雞腿給旅客，我們也吃到了，的確很好吃。因爲除了雞腿以外，還有雞湯。可是令我相當感到不安的是，所有的雞骨頭都由一位胖胖的廚師蒐集，他蒐集以後就有很多當地的窮小孩來要雞骨頭吃。這個廚師將一根根的雞腿骨頭丟出去，孩子們會去搶，他們並不覺得這種行爲很丟臉，我至今都記得他們興奮而又高興的表情，我更忘不了那位胖

廚師得意的表情，他一定覺得自己如此地玩弄窮小孩是一種樂趣。我還記得他穿的是筆挺的白色廚師制服。

在江西的一天晚上，我和弟弟發現每一個車廂都有兩名荷槍實彈的解放軍，有人告訴我們，這裡有土匪，可能會來搶火車。我跟弟弟大爲興奮，就不睡覺，希望有人來搶火車。結果是失望的，因爲後來解放軍也不見了，顯然沒有什麼令我們能夠興奮的事件。

到了廣州，再坐一輛接駁車到深圳。在深圳車站有一位親戚來接我們，他是深圳海關的職員，英文非常好，所以認識很多英國軍官。在進入香港的地方，有一位英國軍官，他穿著一身大英帝國軍官的正式軍裝，神氣得不得了。我們的親戚跟他講了幾句話，他點點頭，我們就進入香港了。這都是事先安排好的。

現在回想起來，當時我們其實都是難民，但是說起來也很慚愧，我這個

難民實在沒有受什麼苦。後來中國共產黨發動三反五反，造成大批難民設法偷渡到香港，很多是游泳過去的，可憐得不得了。

我們在香港等從台灣來的入境證，我和弟弟在香港買了牛仔褲穿，我沒有想到牛仔褲會使我在台灣大哭一場。

11

到台灣了

我們在香港只待了不到一個月，就可以入境台灣了。當時都要乘坐輪船，輪船雖然非常講究，但我們暈船得非常厲害。

我對台北的初步印象好的不得了，雖然沒有高樓大廈，但是可以看到山，也到處看得到小溪，這都是上海所沒有的。有一次，一位親戚邀我們到北投去玩，黃昏時住進了一間半山腰的日式招待所，看出去，對面的山上，滿山都是樹，正好碰到快下雨前的大風，樹都在搖晃，我當時就有山雨欲來風滿樓的感覺，如果我仍住在上海，不可能對這句詩有感覺的。

到了台灣，我應該繼續上學。但我當時完全不知道該怎麼做，虧得一位大表哥幫我辦妥了考成功中學的初一上，也就是所謂的春季班。我記得我們的考試在大禮堂舉行，很大的大禮堂密密麻麻地擠滿了學生，好多運動器材放在最前面，有好幾位考生在空檔中表演雙槓，有的還會倒立。我想糟了，如果未來的同學都是壯漢，我不是每天都要挨揍了。還好，會玩雙槓的

都沒有考上。

回想起來，爲什麼初一的學生如此高大，大概是從前要進初中是要通過考試的，台北市一定有學生一考再考，都進不了初中。那些會玩雙槓的同學可能年紀不小了。

放榜了，我榜上有名，但還有一次口試。我的口試很順利，老師們對已淪陷的大陸很有興趣，問了我很多有關大陸的問題。我當時雖然是小孩，也知道該如何答。

口試過後，我的表哥來問我情況如何，我據實以告。他發現我穿了牛仔褲，就問我口試時，有沒有穿牛仔褲？我說有，他有點替我擔心，因爲當時的太保都是穿牛仔褲，我聽了以後，大哭一場。幸好，牛仔褲沒有任何關係，我實在不像太保，如果那幾個會玩單槓的傢伙，口試時穿牛仔褲，可能會有問題。我可以進成功中學了，而且榜上我是第一名，導師還指定我做班

長。

因為我是班長，升旗典禮時，我要站頭排。當時的初中生戴的是童軍帽，敬禮時用三隻手指，我搞不清楚，還好一位同學教我，我才知道怎麼敬禮。

進了成功中學，我又鬧了一個笑話，我不知道有月考，所以第一次月考，我毫無準備，成績差得不得了。還好，我以後知道何時要考試，也就會準備了。

我雖然來自已淪陷的大陸，我其實知道很多有關中華民國的事情。國父、黃花岡烈士、雙十國歌等，我在上海小學學過的，所以在國慶時，校內舉辦了作文比賽，題目是「國慶感言」，我得了同一年級的第一名。我不敢告訴學校，我離開上海以前，也寫過共產黨版的「國慶感言」，也得了第一名。兩個版本內容差不多，但是重要名詞都要換過，十月一日改成十月十

日，共產黨改成國民黨，國名更是不能弄錯，眞是一魚兩吃。兩岸政府都對我洗腦，他們都沒有成功。

12

我在成功中學念書的日子

成功中學的三年，回想起來，實在是我非常快樂的日子。功課完全沒有什麼壓力，不僅我一個人不覺得有什麼壓力，我相信其他的同學中，只有極少數人會有聽不懂的現象。我曾經在台灣教過很多小學生英文和數學，發現很多學生上課時是鴨子聽雷。比方說一元一次方程式，很多老師告訴我，國一上結束時，大概只有二分之一的學生會一元一次方程式。到了國一下要學二元一次方程式，只剩四分之一學生會了。我過去很好奇這是怎麼回事，因為我在成功中學時，認為一元一次方程式非常簡單，全班大概都會的。後來我想通了，我們當年在成功中學的同學，是經過考試進去的，當然學業程度很整齊，聰明的程度大概也是差不多的，因此學這種玩意兒就沒有問題。而現在進國中不經過考試，其結果是，全班同學學業程度相差極大。教育部又三申五令，不可以能力分班，當然造成很多學生上課時完全跟不上。

我在成功中學所學的數學，據我記憶所及，當年初一所教的複雜度比不

上現在學生所要學的。比方說，我在初一時，不知道科學符號，也沒有人強調比與比例。回想起來，這是因爲比與比例的問題都可以用代數的方法來解決。現在的孩子程度不齊，卻要學很多奇奇怪怪的東西，這是我百思不得其解的。

至於英文，當年是很重視文法的，文法有很多規則，可是好像我們大多數同學都能了解這些規則，而且記得，不會忘掉。這又是因爲我們同學之間的聰明程度是夠的。我總記得，我當時對現在進行式感到很困惑，不知道什麼時候要用。我爸爸知道了我的困惑，就告訴我現在進行式的意義。我也搞不清楚until這個字是什麼意思，也是我爸爸解釋給我聽的。所以，如果父母學問好，孩子自然也會功課很好。

我在成功中學念書時，全班同學沒有一個是規規矩矩的，幾乎全部都是極爲頑皮的孩子。我們所做的惡作劇實在罄竹難書，不好意思在這裡書寫下

來，有些也相當過分。有一次，我被當時的教務主任薛光祖老師叫到操場去懇談，他說：「小孩子頑皮是沒有什麼關係的，但是絕對不能過分。你是功課好的小孩，將來有很好的前途，尤其不能過分。」我到現在仍然感激薛主任對我的勉勵。也感到非常慚愧，爲何如此不懂事。

因爲我們是春季班，我已經不記得畢業的時候有沒有儀式，但是有照一張相。成功中學認爲我們這些學生太胡鬧，因此決定絕不再收春季班學生。校方也認爲春季班學生的程度一定是不好的，因爲一定是秋季時落榜的學生。當時的師大附中有兩個春季班從初中畢業，所以師大附中還收一個春季班，我們都可以去考。我當然要去考，也考上了，好像又是名列前茅。其實出題的老師是師大附中的老師，對我們成功中學的學生應該是不利的，可是我們還是有很多同學考上了。

我在成功中學的日子是相當快樂的，所記得的幾乎都是我們胡鬧的事

情，我也不懂爲什麼我們那個時候會如此地胡鬧。現在有一個口號叫做「快樂學習」，快樂學習的含義很多，我要告訴教育界的是，國中生仍然是糊里糊塗的小孩子，不能要求他們太多。因爲我們是春季班，所以多多少少變成了放牛班，但是我們也學得很不錯，絕對是在快樂中學習的。一個小孩在學習的時候很快樂，這對他一輩子都有好的影響。教育界也不要講什麼大話，絕對要讓孩子有胡鬧的機會，因爲對小孩而言，只有胡鬧才會使他快樂。

13

我在師大附中的日子

我在師大附中被編入四一班，現在畢業的同學已經是一千多班了，我當然是老校友了。對師大附中，我是非常感激的，因爲在這裡的教育，使我能夠進入大學。

在師大附中的四一班，沒有太胡鬧，原因是班上有很多很認眞讀書的學生，他們幾乎有點不苟言笑，我們也就規矩了。

師大附中有一個特別好的制度，那就是不換導師，我們的導師從高一到畢業都是同一人。我們的導師是教國文的，名字是潘光晟。他是四川人，國語也是四川口音，聽起來倒是很親切。我們當年的學生都要有能力聽各種鄉音，和現在的學生不同。潘老師是我們大家非常尊敬的老師，當時他是四十歲，可是我們還是有點頑皮，幫他取了一個綽號，叫潘公。潘公當然已經去世了，但是師母仍然健在，前幾年我們還有辦一次同學聚會，潘師母也來參加，可以想見我們對潘公的感情。

潘老師對我們的要求應該算是很高的，我在師大附中被迫背了好多詩詞。潘老師會要求我們在星期六的下午到他的宿舍裡站著背詩詞，我們都乖乖地去。這對我是相當有益的，也虧得潘老師如此認眞，使我的國文程度提高了很多。一江春水向東流、小樓昨夜又東風、古道西風瘦馬等，都永遠記得。想必現在的國文老師不會強迫學生在週六到家中去背詩詞。

我記得所有的老師，但是有的老師我不記得姓名了，所以爲了公平起見，我只能以科目來說，比方說英文老師、數學老師等。

我們的英文老師有兩位，兩位都教得非常好，其中有一位使我們一輩子都忘不了，他每一堂課開始時就問問題。假如他開始時是點名一號，下一個就是十一號，然後是二十一號。不知何故，我完全不怕他問，他也就從來不問我。其他同學就很慘，他會在點名簿上做記號，問到一個時間，他會將原子筆喀喀兩聲，全班同學如釋重負，連鬆口氣的聲音都聽得見。這位老師當

時也主持電台英文教學的廣播，我們不需要去聽，因爲上課時就聽得見。

在師大附中的英文課中，會有課外讀物，回想起來，那些讀物都是英文的短篇小說，可見得我們的英文程度是很高的。我記得有一篇是有關大戰結束以後，母親收到兒子陣亡的信。這篇文章非常感人。我還記得另外一篇講在巴黎的一個富翁，感覺到有小孩來偷他的皮包，這個富翁沒有將小孩交給警察，自己處理這件事，結局是相當出乎意料的。

我記得兩位數學老師，一位教幾何，一位教解析幾何。教幾何的老師會教很多難題，都是要畫輔助線的，對我們學生而言，畫輔助線是需要靈感的，對這位老師好像是輕而易舉的事。隨便問他問題，他都會畫出一條想不到的輔助線，我們對他佩服之至。這位老師後來在美國教書，前些日子我在美國一個場合碰到了師母，他告訴我老師已經去世。這位老師也一直記得我，曾經回台灣和我聚會過。

另外一位數學老師教我們解析幾何，所謂解析幾何就是現在國一要學的x軸和y軸的一些數學。據我所知，很多同學對這套學問完全搞不懂。我在成功中學的時候，從來不知道有x軸和y軸，當時這種學問叫做解析幾何，是在高中上的。教我們的老師相當有名，我運氣很好，有這麼好的老師教我們，所以一點都不覺得解析幾何有多難。而且這種數學牽涉到三角函數，現在國一的學生根本不知道三角函數，所以學這種數學就非常困難。到了高中再學，一切都會很順利，因爲所有必備的數學都已經會了。

我很幸運，當年我沒有在國一就要學x軸和y軸種種的學問。

我的物理老師和化學老師都是女老師，在當時也是有名的中學老師，因爲她們可以將很難的東西解釋得非常清楚。好的老師不是常常要出難題的，而是永遠能夠將學問很順利地傳授給學生。

在師大附中，學生有時也做一些胡鬧的事，解決的辦法是由導師派兩個

學生去向訓導主任表示歉意，其他同學根本什麼都不管，一位一定是當時的班長，一位一定是我，我眞倒楣，又不是我做的壞事，可是我必須去向訓導主任表示懺悔。訓導主任訓話時，我和班長要立正站著聽他訓話。這樣做，可以使得全班同學不受懲罰。我也習慣了，不過我當然覺得不該由我去罰站，大概我去比較有公信力的緣故。

我進師大附中不久，就被通知說我得了一個獎，叫做品學兼優獎，要由高玉樹市長頒獎。我們全班同學和我一起去台北中山堂參加這個儀式，我也不記得有多少學生可以得這個獎，我記得當時師大附中的毛高文代表全體得獎學生致答詞，顯然當年給他獎是對的，因爲他後來一路做到大官。

拿了獎以後，就不需要回去上課。同學都鳥獸散，我去淡水河的螢橋划船爲樂，螢橋現在叫做中正橋，獎品包含獎狀和一盞小檯燈，划完船以後，我將獎狀和獎品全部丟在船上，感到有點可惜。我從小就是一個糊里糊

塗的人，不知道丟掉多少值得保留的東西。回家以後我也沒提得獎的事，因爲沒有任何證據。

在附中念書時，有一次，學校告訴我，有一位美國的高中老師要到台灣來找一位高中生見面，目的是要問，何謂中國人？教育部居然找到了我，我當時完全不會回答這個問題，他們建議我去找黎東方教授。黎教授居然同意和我見面，我記得他家在新店附近的鄉下，他在他的書房和我談話，書房裡全是書。我記得他說，中國人中間有很多不同的種族，但都已經接受了儒家思想。事後我根據這個觀點，用英文寫了一篇文章，送到了教育部。他們也許修改了一點點，就認爲可以了。有一位長者到學校來接我，我坐進那輛汽車的時候，實在很高興，因爲在那個時候，我很少有機會坐汽車。我在一間錄音室錄音，事後那位美國老師問了我一些問題，他似乎很滿意我的回答。當時當然都是用英文的，這是我有生以來第一次和洋人見面，但是好像

一點都不怕用英文。回想起來也是怪事，我能夠被選上我父母很高興，我自己卻毫無感覺。當時的我成天只想中午打籃球，因爲這才是我最喜歡做的事。不過，我現在才感覺到自己被選中是不容易的，因爲全國的高中生多得不得了，怎麼會選上了我擔任這份工作？

在師大附中畢業的時候，也沒有單獨的畢業典禮，是在一個場合，我們站在司令台前，校長宣布這些同學畢業。後面的同學被罰站，當然感到不耐煩，講話的聲音響得不得了。春季班畢業就是如此草草了事。

畢業以後不能進大學，學校安排了一間教室讓我們去自習，我都不記得我們在裡面做什麼。但是我得到一個好消息，我被學校保送進台大電機系，當時的台大有所謂的保送制度，凡是一個學校有很多學生考上了台大，台大就給這個學校一定的保送名額，由學校決定誰可以被保送。學生要塡志願，台大總會讓你進去的，但不一定會讓你進第一志願。

我們班上有一位同學功課也非常好，但因爲名額的問題沒有被保送，可是他成爲聯考的狀元。當時已經有聯考制度，所有的學生分數由高排到低，有人叫第一名的名字，然後再叫他的第一志願，他一定可以進第一志願，但是叫到後來，第一志願已經滿了，就看第二志願，如果又滿了，當然就看第三志願。我爸爸那個時候是教務長，所以他告訴我這些制度。我的狀元同學在放榜以前就由我爸爸告訴了我。

當時要進大學是很難的，台北只有三所大學，台大、師大和政大，中部只有東海大學，南部只有成功大學。有人說，現在的大學生程度比過去大學生差很遠，這是必然的事，因爲過去只有這麼少的大學，學生的程度當然不會低。

我應該非常感激師大附中，因爲我的國文、英文、數學等，都可以應付大學的課程。

14

在台大電機系求學的日子

我是一九五七年進入台大電機系，一九六一年畢業。二〇一一年，我們同班同學曾經回母校去記念畢業五十週年，我們都知道這是最後一次。我們同學多半旅居海外，到六十週年，大家都成了八旬老翁，禁不起舟車勞頓了。

在當年的台大，電機系學生除了學電機以外，還要學打鐵、工程畫、工程力學和基本機械設計等。相信現在的電機系學生一定不會再學這幾個科目了，他們大概不能了解爲何電機系要學打鐵。

任何電機系都強調電子學，台大當然也不例外。當年我們所學的都是眞空管，教我們電子學的教授是李舉賢教授，他當時的年齡大概是四十左右，我們卻叫他李老。當年的教授多半比較嚴肅，不苟言笑，難怪我們覺得他年紀很大。李教授教得非常好，不過我離開台大以後就從未碰過眞空管，因爲我畢業以後就到美國去念書了，在美國，眞空管已被電晶體取

代，我對電晶體一竅不通，但仍能靠自修學會如何應付電晶體，這應該全靠當年李教授教的。

電機系學生都要學應用數學，教我們應用數學的教授健康情況很不好，要到二樓的教室，樓梯要轉一個彎，中間平台上永遠放了一張椅子，這位教授必須在這張椅子上坐一陣子才能繼續上樓。現在回想起來，他也許得了肺病，實在應該在家裡靜養，但是國家很窮，教授只好抱病上課。他當時常常請假，現在的教授一定很少因病請假了。

有一位教授上課的地點非常遠，當時台大上下課全靠一位工友打鐘的，那間教室根本聽不見鐘，而這位教授又不帶錶，上下課與否全靠問學生。他不問男生，因爲男生可能騙他，我們班上只有一個女生，所以他只問這位女生。我和一些不用功的學生永遠坐在遙遠的角落，不知哪一位同學發明一招，那就是還沒有到下課的時候，就輕輕地叫「老師下課囉」，雖然每個人

聲音都很輕，很多人聲音加起來也夠使老師聽到了，他就問那位女生，她和我們早就串通了，一定點點頭，老師也就下課了。我們同學中有一位是老師的孫子，他最可憐，因爲他要騎腳踏車飛奔回家，將所有的鐘都要撥快，他的綽號叫「baby」，因爲他脾氣很好，而且身強體壯，我們都很感謝他。

我在台大的四年中，一直在台北市金門街的一位美國修女那裡學英文，我都看TIME雜誌，一開始，整頁都是生字，日久天長，畢業以後，我再翻開TIME，完全可以不查字典，可見得英文必須靠下苦功才能有進步。TIME以用怪字出名，但是，只要你肯每週苦讀一段，不久，TIME也難不倒你了。

我在台大畢業於一九六一年，當時，台灣完全沒有什麼工業，是個農業國家，電子工業更不用談了。我發現當時的收音機常會故障，每次故障，就要捧去送修。我雖然是台大電機系的學生，卻無此本領。當時我想，畢業以

後，如有修收音機的本領，總可以混口飯吃。我和幾位同學發現坊間有裝修收音機的補習班，就去報名了。我在初中和高中都無需進補習班，但是學裝修收音機，卻非上補習班不可。我在補習班學了不少，我們要記得每個眞空管的牌子和號碼，也要知道每個元件的功能。如果裝好了，卻不能運作，我也學會了如何找出問題之所在。這些都是在台大學不到的。

電機系學生去學裝修收音機，有如機械系學生去學修機車。大家不要以爲工程師不該去做黑手，要知道，工程師有理論基礎，但如無實務經驗，理論毫無用途的。工程師如有實務經驗，乃是非常有能力的工程師。如果我沒有出國念書，而留在台灣裝修收音機，說不定我會發明很好的音響，成了大富翁。

我最近碰到了一位電子公司的大老板，他大學電機系畢業以後沒有出國，成爲一位維護工程師。他有好奇心，認眞研究那家外國儀器的線路，最

後他設計了更好的儀器。現在，他的公司有七萬員工，我真羨慕他。

我當年的同班同學，幾乎都去了美國，再回國工作的只有我和另外一位同學。現在台大電機系畢業生可以在台灣找到好的工作，一定要出國留學的學生當然也就少了很多。還有一點，台灣教授的水準提高了很多，在台灣念研究所相當不錯。我畢業的時候，台大好像根本沒有電機研究所。

我在台大電機系念的真空管，大概在七年內完全消失了。我們必須知道，近年來科技變化速度愈來愈快，但我始終跟得上時代，我應該感謝台大電機給我的教育，尤其是數學和電子學。有了好的基礎，我就可以自修來學新的玩意兒了。一所好的大學，一定要使學生有改行的能力。以這種標準來看，台大是個好大學。

15

暑期集訓

我念大學的時候，大專學生都要變成預備軍官。當時，有一個暑期集訓，我是在大三的一個暑假去受這種軍事訓練的，地點在台中坪林的第三訓練中心。集訓的總部在第五中心，所有的重要典禮都在第五中心舉行，所以我們這些阿兵哥必須全副武裝地步行去聽訓，軍裝很厚，軍盔很重，天又熱，實在相當辛苦。

那時的小兵都要綁綁腿，每天起床都要趕快綁綁腿，現在的小兵免除這個麻煩了。

現在的成功嶺集訓，溫度一高，就叫小兵到樹下去乘涼，也給小兵很多水喝。當年我們沒有這種優待，但從未聽說過哪一位同學昏倒，難道當年我們強壯得多？那時上級發給每位同學一把步槍，我們都要妥善保養這把槍，槍膛必須擦得雪亮，現在很多學生在軍營裡根本沒有拿到槍，只拿到一把掃把，當然也不曾打靶。

我總記得，有一天的晚上我們要受夜間作戰的訓練，回來以後，就下大雨，我們的營房沒有玻璃窗，窗子是兩片木板做的，如果移動其中一片，就有空氣可以進來，但是也可以移動到後面，如此可以完全阻擋空氣進來。因爲下大雨，所有的木窗都在擋雨，我記得大家都覺得很熱。

第二天醒來，發現沒電了，而且外面仍然在下大雨，當然早上戶外的集合也做不到了，但連長仍然叫我們大家起床，要我們全體在床前立正站好，聽他宣布一些事情。因爲營房裡光線很暗，有一位同學學狗叫，連長氣得發昏，也沒有辦法。這就是八七水災開始了，這場水災是歷史上最嚴重的水災之一。

對我們來講，下大雨是好事，因爲不用出操，可是我們發現伙食愈來愈有問題，到了第二天的最後一頓晚餐，只能吃到一種食物，那就是紅燒黃豆。到現在我還記得這一餐，而且我覺得紅燒黃豆也蠻好吃的，爲什麼發生

這種事？主要是因爲米被沖走了，有一位同學看到連長在原來放米的地方哀聲嘆氣。

到了週末，軍方宣布我們可以離營，當然離營以後都是去台中市玩，他們也告訴我們台中市有飯館可以吃飯，我們阿兵哥離營通常會坐公車，公車裡的乘客，看到我們上來各個皺眉頭，因爲我們都有汗臭味，有些乘客甚至會拿出手帕來摀住鼻子。水災的週末沒有公車了，但是我們要走過一條河，河上的橋已經沖斷了，可是河上有一條廢棄的鐵軌，這條鐵軌已經斜掉了，不能走過去，可是可以用兩隻手抓住已經垂直於河面的鐵軌，不停地交換手到對岸，兩岸都有軍官在看，因爲如果一鬆手，就會掉到河裡去，當時的河水流得非常急，可是我們沒有一個人不如此過橋的，因爲我們都覺得，再繼續留在軍營裡，不知道能吃到什麼東西，所以我們就毫不猶豫地冒險過河了。我相信現在的軍方，絕對不准阿兵哥做這種事情，因爲萬一出了

事，軍方又要倒楣了。

我到現在還記得，到了台中以後，找到一家叫做沁園春的飯館，當時這個飯館不是很講究的，我們阿兵哥還是吃得起。現在沁園春，好像已經是很貴的飯館了。

有一些同學，週末沒有離開軍營，他們是少數，後來他們告訴我，他們運氣還不錯，因爲他們吃到了兔肉，也不知道哪裡搞來的兔肉，有些同學說大概是野兔，但是無法知道如何找到這些野兔的，難道軍官都變成獵人了嗎？回到軍營以後，看到一架直升機降落，送來好多食物和燒菜用的燃料，我們都要去搬這些物資，也虧得這架直升機，因爲水災以後，市場過了好多天以後才恢復。

我受訓的基地幾乎沒有看到水災，可是附近就有嚴重的損毀，當時我們同學中，有很多醫學院的學生，所以他們立刻被派去做一件很不愉快的

事，那就是確定某些災民是不是眞的已經死亡了，我隔壁班的一位同學就有這種經驗。其他同學所遭遇到的是眞的水患，因爲大水一直淹到了營房裡面，可以想見的是，所有的作業都走了調，比方說槍發給每一位同學，你必須保證槍不會碰到水，最糟糕的是，下鋪的學生要到上鋪去睡，還要帶著槍上去，那一晚眞是人擠人。

水災以後，我們洗澡就要在附近的河裡洗，有一次，有藝工隊來勞軍，他們離開的時候，我們去洗澡，藝工隊員是坐軍用大卡車來的，大卡車的燈光將我們正在洗澡的阿兵哥照得一清二楚，藝工隊裡的女孩子驚聲尖叫，我們也沒有辦法，而且覺得很好笑。

八七水災造成的災害是空前的，可是水災過後，台灣沒有任何的瘟疫，這已經是國際的一個新聞，很多外國的媒體，稱讚我們國家在公衛生方面還是做得不錯的。我相信八七水災中，六百多人死亡，三萬座房子被毀掉，

三十萬人要被安置，如果同樣的雨量再發生於台灣，不會造成如此嚴重的損害。我當時不知道事情這麼嚴重，也不知道水災對國家的經濟造成嚴重的影響，現在我常常在研究，當時的國家是很窮的，能夠應付這個災難，的確不是一件容易的事，可惜我不是學歷史的，不然的話，我真的會好好的設法了解，當時的政府如何度過危機的。

在集訓期間，蔣總統和陳副總統都來主持過典禮，蔣總統說什麼，我根本沒有聽，陳副總統的談話我卻記得，他說，你們給我看的資料一看就知道是假的，這麼大熱天受軍訓，怎麼可能學生的體重增加了？可見得陳副總統比蔣總統接地氣。

做小兵最怕看到大軍官，我們這些預備軍官的暑期集訓有一位軍團司令，他是很名的將軍，曾經到我們第三中心來訓話。我坐的非常遠，所以沒有看清楚他。但是不知何故，我還是知道他是什麼樣子的。我有一位高中同

班同學家住台中，在週末時，他好心邀請我去他家，走進去就發現屋簷下有幾位老頭子在玩一種很土的紙牌，我從來沒看過那種紙牌。這些老先生都穿著汗衫，可是我一眼就認出其中的一位是那個軍團司令，立刻向他敬了禮。他當時一點都沒有威嚴的樣子，像個和藹可親的老人，笑嘻嘻地對我說，不要敬禮了，進來玩吧，但是我轉身立刻溜走，這是一種很自然的反應。我的同學也很抱歉，他說他不知道他爸爸請了那些老朋友來玩紙牌。那種紙牌我有生以來只見過一次。

結訓了，我們幾位最後離營，連長忽然播放了孟德爾頌的小提琴協奏曲，我們好感動，也知道了連長的人文素養。

幾年前，我又去了坪林的第三中心，那裡已廢棄了。從大門開進去，裡面大樹成蔭，一片綠意盎然。第三中心已回歸了大自然。

兩年以後，我弟弟去受暑期集訓了，這次我爸爸假公濟私，以教授身分

去探訪，當然沒有見到自己的兒子，但回來告訴媽媽受軍訓有多可怕。他曾和受訓學生吃晚飯，那些學生的汗臭實在使他受不了。他不知道爲什麼受訓的學生轟不在乎，其實我也是在艷陽下出操的，但至少我從未感到什麼了不起的苦。

16

空軍生涯

畢業以後，抽籤當兵，我抽到的是空軍，是通訊軍官，所以在空軍通校受入伍訓練，因爲不是馬上可以授階爲少尉的。空軍通校在岡山，現在已經改爲空軍航空技術學院。我當然很想回到母校看看，運氣很好，我一位學生的爸爸當時是空軍航空技術學院的院長，所以我就可以回母校去參觀，而且還特別去了我們當年住的那一間大宿舍，這是一間統艙，可以容納幾十個人睡。我去的那一天，這間宿舍正要拆掉，已經人去樓空。我進去以後，還去看了我們的洗澡間，實在是相當地簡陋。校長又帶我去看現代化的學生宿舍，好像是二人一間，而且還有冷氣，眞是天差地別。

在空軍通校有教官來教我們雷達，我們所有的學生都畢業於電機系，可是對實務相當陌生。雷達的線路裡面有好多眞空管，我記得也有好多電容器，我那時才發現電容器在線路中可以有完全不同的用途。可是我當時弄不清楚某個電容器在電路中的功能，這個疑問一直拖到我教類比電路時才搞清

楚。

我們的教官都極有學問，對於電路的講解非常清楚。可是我們這些學生實在程度太差，有聽沒有懂，也無從問起。但是我從此以後總對類比電路有興趣，現在我在教類比電路，多多少少也是因爲當年在空軍通校受教官教育的原因。我後來才知道，這些教官之所以如此厲害，乃是因爲他們都是大陸清華大學的高材生。抗戰開始，他們紛紛投筆從戎，但是沒有個個成爲飛行員，有些就成了地勤人員。我相信現在空軍的地勤人員不可能有這麼厲害的工程師。

值得一提的是，我們宿舍的床裡面有好多臭蟲，如果要抓，一天可以抓幾十隻。教官告訴我們，台灣從前是沒有臭蟲的，國軍從大陸撤退到台灣，都是先到南部，當時他們穿了破舊的棉軍裝，臭蟲因此在台灣南部的軍營中蔓延，慢慢地才到北部。我們離營的那一天，看到所有的床都搬到了操

場上，有兩位小兵在噴DDT，應該是有用的，因爲現在整個台灣好像沒有人談臭蟲了。

空軍通校也是一個入伍訓練的地方，我們當然擔心又要經過像陸軍入伍那樣嚴格的訓練。第一個早上醒來，發現有一個士官班在做早集合的儀式，早上集合要唱軍歌，唱的是〈打倒俄寇反共產〉，我到現在都會唱這首歌，從來沒有把它忘掉。在陸軍唱的時候是規規矩矩的，但是這個空軍士官班完全是亂唱一氣，唱得奇快無比，一下子就把整首歌唱完了。班長也不管，我們大家高興得不得了，知道以後的日子會很好過。

我的人緣一直很好，當時我們同學放假的時候要坐火車回家，火車票要到岡山火車站買，照說是一位士官負責，但這位士官卻又在軍營中悄悄地經營一間牛肉麵店，所以他就來和我商量，可不可以由我去買車票。我當然大喜過望，我要求他借我腳踏車，我故意地騎得很慢，有一次甚至還去看了一

場電影才回來，還好沒被憲兵發現。

中秋節回家，火車是慢車，擠得簡直是難以相信。如果你有位子，腿上也會坐一個人，所以有位子也好不到哪裡去。可是我們同學卻沒有什麼太埋怨，只要能夠擠上車就很好了，大家在車上還有說有笑。不過那一場擠得不亦樂乎的經驗，我是忘不了的。我們阿兵哥坐的都是慢車，站站要停，而且會看到快車呼嘯而過。

大概在通訊學校受訓三個月以後，就授階為空軍少尉。我們都要穿上筆挺的軍裝，整隊很整齊地走到隔壁的空軍機校去授階。那時我們沒有吊兒郎當，因為總覺得成了少尉了，不能胡鬧。

在通校，我曾經看到軍械室裡有槍，但他們沒有給我們這些槍。有一天，上級派了幾個年經的軍官來檢查武器，他們就口頭埋怨說這些槍保養得不好，我們的副大隊長把他們罵了一頓，說是你們當年也沒有好好地保養

槍，現在有什麼資格來檢查。這些軍官就摸摸鼻子走了。空軍和陸軍的確差別很大。

我後來曾經幾次被邀請到空軍航空技術學院演講，每次我都想起當年的那些教官。現代的空軍有非常好的裝備，但是一定仍然需要好的、有學問的通訊軍官。

受訓完以後又要再抽一次分發，我抽到了航管大隊，工作的地方在現在的松山機場附近，離我家很近，我可以住在家裡上下班，中午還可以回家吃飯，有交通車可坐，實在是當了一年的少爺兵。遺憾的是，我沒有能夠眞正有機會維護通訊設備。我有一位同學工作的地點和我的工作地點很近，有一次我去找他，他正在告訴一位上級軍官設備出了問題，那位有經驗的軍官立刻知道問題之所在，也立刻將問題解決了。我的同學是台大電機系第一名畢業的，實務經驗遠遠不如那些沒有高學歷但有經驗的軍官。我們都從此知道

學歷是絕對不夠的。

我們軍官都要在某一個週六下午值班，值班時辦公室裡只有一人，我也值班過一次，那次忽然看到主管的桌上有一份公文，我四顧無人，就偷偷看這份文件。這份文件講到當時的F104戰機的問題，F104的機翼非常短小，所以整台飛機像一個火箭，飛起來當然可以很快，但是有一個缺點，那就是萬一飛機在空中當機，飛行員必須立刻在空中開機，因爲F104的機翼很短，它不太能夠滑翔而比較容易直線墜落，這使得飛行員來不及空中開機，也會造成機毀人亡。我看了以後覺得F104的設計實在有問題。

幾年以後，我的車子在美國高速公路上忽然失速，雖然踩油門，車子卻毫無反應，我想起空中開機這個名詞，立刻再開一次油門，居然打開了，但我已經嚇掉了半條命，只好回家了。幸好當年我偷看了那份文件。

那份文件還有一個滑稽的報告，那就是說美國軍方希望知道英國大牌教

授Dirac在做什麼研究，Dirac教授的研究是與數學有關的，我們這些電機系畢業的學生都知道他，他的研究與國防無直接關係，當然與通訊是有關係的。這份報告說美國國防部派了好幾位祕密探員去跟蹤Dirac教授，但一無所獲，完全不知道他在想什麼。報告說Dirac教授是一匹孤獨的狼，常常一個人在校園中散步。我看了以後實在覺得美國國防部幼稚到極點，這位教授的研究都公布在他的論文中，跟蹤他有什麼用，看他的論文就可以了。但是大概美國國防部也沒有什麼人看得懂他的論文，只好派人去跟蹤了。那些人一定很快樂，因爲可以出差到英國去，而且不成功也不會成仁。

航管大隊是負責每一個機場的軍用雷達的，所以有一架專門的軍用飛機，由資深的飛行員駕駛，到各個機場的上空巡視。我曾經要求上去玩，我記得有一個機場下面居然沒有人回應，我想這個機場的負責軍官事後一定吃派頭了。

我有一些同學是在陸軍服務，當然都是步兵排長，有一位同學在週末到我家來聊天，他說他的副軍長可惡之至，我問他的副軍長名字，他說出了一個名字，其實這位副軍長是我的舅舅，正在我家裡打麻將。我就告訴他，你的副軍長在裡面。他一聽，跳起來就騎腳踏車飛快地溜走，這有如當年我在同學家見到了軍團司令，也是馬上溜走。

我當兵的那一年，其實在金門仍然是相當緊張的。我有一位同學是步兵排長，晚上要到各地去查哨，他知道有一位小兵非常地緊張，他也一再地告誡他不要太輕易開槍。但這位小兵站哨時，發現有人過來，立刻對他的腿部開槍，瞄得非常之準，使得我的同學當場倒地。他是我們同學之中差點陣亡的。

當年國家實行徵兵制，有一個好處，就是使得任何人都會碰到完全不同背景的人。我們同學在陸軍服務時，才知道小兵們的家庭生活是怎麼回

事。這對於國家的民主是有好處的。實行募兵制就會使得很多菁英分子永遠不知道弱勢同胞的處境。我在當預備軍官時認識了一位士官，他告訴我他是在大陸高中畢業的，我發現他的程度相當之高，英文和數學都很好，所以我就勸他將來設法繼續深造。他一直感激我對他的鼓勵，本來他認爲做一輩子士官就算了，他說他是被國軍抓兵抓來的。我才知道自己有多幸運。

17

在柏克萊得到碩士學位

我從台大畢業以後，當完兵就隨著當時的留學潮到美國去念書了。我進的學校是加州大學柏克萊分部（University of California at Berkley），加州政府設立了很多大學，其中有一所大學是屬於研究型的，這個大學就是加州大學（University of California）。除了這所大學以外，還有很多非研究型的大學，如California State University at xxx或者xxx City College。各種大學的任務都是不同的。

加州大學有很多分部，如柏克萊、洛杉磯、聖地牙哥、聖塔芭芭拉等，每一個分部都是完全獨立的，並不接受校本部的指揮，但是共同特色就是在學術上力求卓越。每一個系一定會有博士班，每一個博士班也都不容易進去。以柏克萊的電機系博士班而言，申請的學生多達四千多位，來自世界各地，但是只收七十位左右。

我只申請了這一個學校，說起來也是糊塗，申請學校要花錢的，我們家

沒有那麼多錢讓我申請很多美國的大學，而且我當時也並不太知道這所學校的電機系是相當不錯的。去了以後要考一次英文，我考得一塌糊塗，考完以後被抓去聽結果，有一位教授出來說，你們這批學生實在都沒有及格，但是我發現你們都是電機系的研究生，電機系研究生的功課都非常之重，不要再管英文了，反正你們看得懂教科書就可以了，所以你們安心回去吧。這使我感覺到，柏克萊大學沒有官僚作風，一切都由教授決定。

還有一件事也使我對美國大學的印象很深，當時有一位同學因爲颱風而遲報到，照規矩，這是要罰款的。但這位同學向繳費的人力爭，說的確有颱風。那位職員就去和另外一位比較高級的長官談了一下，回來以後表示可以免掉罰款。這充分顯示美國官員或者職員都可以有自己的權力決定很多事，不像我們國家，一切都要依法律規定，這大概是不信任官員或職員的緣故。

我們好幾位同學進入柏克萊，當時有一位教授把我們找去，詳細地介紹電機系的課程。我完全不知道這些課程是怎麼回事，說實話，當時美國和台灣的大學之間有很大的差別，所以我們幾乎都要從頭學起。當時我們研究生中，有很多來自歐洲，他們的程度也都非常之高，上課時也是很輕鬆的。

在柏克萊，只要念兩學期，寫一份報告就拿到碩士學位了。在加州的史丹佛大學也是如此，原因是，這些研究型大學只注重博士學位，對碩士學位的給予毫無人管。並不是每一所美國大學都是如此，有些同學進到別的美國大學，念個碩士都苦不堪言，反而是進明星大學念碩士，根本就沒念到什麼東西。舉一個例子來說，如果你念半導體，總應該做實驗的，可是我認識一位教授，他當年在史丹佛念碩士時沒有做實驗，因爲指導教授根本不管他，他也不敢聲稱自己是半導體專家。

在台灣，工學院的碩士差不多都是兩年，而且都要做實驗。所以我們在

台灣的碩士生比從美國回來的碩士生較爲吃香。我在美國上課時，最令我發窘的是，教授喜歡講笑話，而那些笑話都與當時的政治有關，比方說，他們會諷刺總統。我那時候根本沒有時間看報，住的地方也沒有電視可看，所以教授講笑話，全部學生哄堂大笑，我們台灣去的學生只有苦笑。

當時我們好幾位同學一起參加了一位大牌教授的論文研討會，研討會中有幾位是博士生，我們這些菜鳥研究生也要上去報告。我報告的時候，還好教授有在聽，但是沒有問任何問題。有一位台灣去的同學報告時，這位大牌教授索性呼呼大睡，他的博士班同學也都全部昏然睡去，這位同學講完了，他們還在睡覺。有一位美國同學設法使其中一人醒來，其他的同學和教授也都醒來了。這位大牌教授還說，講得很好。他的確是個好人，心寬體胖，是一位非常愛護學生的教授。各位不要以爲我在胡扯，這是事實，顯然在柏克萊，我們碩士生是無關緊要的。

18

我在美國電子公司工作的經驗

在柏克萊拿到碩士學位以後，我曾經在洛杉磯的NCR公司工作過一年。這家公司當時是有名的收銀機公司，收銀機公司當然也會生產電腦。第一代的電腦是用眞空管的，現在很多電影提到電腦都會看到一大排燈在閃爍，這就是因爲眞空管會忽明忽暗，而明就代表一，暗代表〇。這種明暗的速度就是電腦的速度，可見得一開始時電腦是很慢的。等到我去工作的時候，眞空管早已不見了，所有的線路都是用電晶體。

我沒有學過電晶體，我的上司叫我去拿一個電晶體給他，我居然拿了一個電容器回來，實在丟臉之至。我的上司是一位日本人，他實在是好人，絲毫沒有看不起我，而且一路向我解釋電晶體的原理。我沒有看過任何電晶體的教科書，完全是做中學，可是很快就上手了，不用任何人幫忙，甚至可以幫別人的忙。

我在這家公司雖然只工作了一年，可是使我對電子線路的實務有相當不

錯的了解。我總記得，在我快離開的時候，發現我的線路在實驗室中是沒有問題的，但是裝上了整個大線路以後就不行了。我要求看整個大線路，發現他們將我的線路放在一顆power transistor旁邊，這顆power transistor負責所有線路的電流，因此是會發熱的，所以我就在我的實驗室裡做了一個實驗，將我的線路旁邊也裝上一顆power transistor，果真我的線路就不行了。將power transistor去掉，我的線路又恢復正常。這些經驗都是相當寶貴的，也是在學校裡絕對學不到的東西。這對我後來的學業有很大的幫助。

在NCR工作，老闆規定我們一定要去大學上夜校的課，然後週六補班。其實週六老闆根本都不在，我們做什麼事都沒人管。他說，工程師必須要進步，念書是唯一的辦法。如果不去上夜校，就不加薪。這種做法在台灣是沒有的，台灣的電子公司常常將工程師操勞到很晚才能回家，一字不提如何使他們的學問更好。這種做法可能會使得我們的工程師跟不上時代。

我當時選了UCLA夜校量子力學的課，可見得美國大學的夜校不是開些普通的課。我不相信台灣有哪一所大學在夜間課程中開設量子力學。我上了這門課，懂得一些最基本的原理，至少和別人聊天時可以講一兩句有關於量子力學的名詞，也只能如此。但是我從此不怕別人在我面前亂講量子力學。

我的經驗使我一再地希望公司能夠重視工程師的再進修，可是我發現大多數台灣的公司沒有這種觀念。我後來主持博幼基金會，可以做到這一點。博幼很多同仁在英文和程式設計上都學到了新的東西，這就是因爲當年我在美國NCR公司得到的寶貴經驗。

有一天，部門的上司叫我們到他的辦公室，給我們看積體電路，也告訴我們今後電晶體都要進入積體電路的時代。在NCR公司改用積體電路以前，我就回柏克萊念博士了。可是我當時有一個困擾，積體電路是如何做實

驗的？在下一個單元，我會稍微解釋一下。

在這段工作期間，最難忘的一天是甘迺迪總統遇刺，當天的早上，一位祕書小姐告訴大家甘迺迪總統遇刺身亡。這家公司有一個習慣，那就是每二小時，所有職員都到餐廳喝咖啡，休息二十分鐘再回來。這次喝咖啡的時候，餐廳中幾乎鴉雀無聲。對所有的人來講，這件事實在太可怕了。

我那時候住的地方沒有電視，但是有在關心這件事。那時有一位技工家裡有電視，他就邀請我們去看電視新聞，還準備食物招待我們。忽然之間看到一件不可思議的事，那就是殺害甘迺迪總統的嫌犯又在大批記者面前被一個人當場開槍殺死。我們所有人都搞不清楚這是怎麼回事，這位兇手當然當場被逮捕，不久他死於監獄中，眞相始終沒有大白。

我覺得我在NCR公司工作時比較傻，因爲我只知道把自己的工作做好，而沒有設法了解整個電腦是怎麼回事。比方說，我那時聽過編譯器這個

名詞，但完全不知道編譯器是做什麼的。我也沒有利用時間學寫程式，如果我當時是非常有野心的人，也許會在公司裡慢慢地爬到管理階層。但是我當時只知道把自己的工作做好，沒有注意到整個公司在做些什麼事。

NCR公司的職員之中，有一位非常神氣而且漂亮，年紀已經不小，也就是說，他在所有的員工中會特別引人注意。我後來才知道他是NCR的公關主任，他平常不用做什麼事，但是有客人來訪時，永遠是由他接見，這也蠻有趣的。

19

我如何通過柏克萊博士班的資格考試

在NCR工作了一年以後，我又回到柏克萊攻讀博士學位。念博士學位都要先通過資格考試，當時電機系只有一些簡單的電腦課程，所以資格考試仍然是強調電機的核心課程。記憶所及，我要考電路學和電磁學。我根本沒有時間準備電路學，所以只好全副精力準備電磁學。

我在台大時，那位教我們電磁學的教授沒有指定任何教科書，所以我完全不知道電磁學是怎麼回事。到了柏克萊，又發現系裡很多教授都是電磁學的權威，我就買了他們寫的書來看。這才發現電磁學裡全是數學，虧得我在台大時，應用數學學得不錯，所以完全看得懂電磁學的書，也會做那些習題。考試的時候也會應答，唯一的缺點是，我沒有上過電磁學的課，所以只知道了電磁學的理論，其實對電磁學沒有什麼感覺，並沒有眞正地了解電磁學，僅僅是依靠數學來應付考試的。

至於電路學，這最有趣了，考題只有一題，題目是，你認爲這個線路可

以有什麼用途？很多同學只知道這個線路是一個放大器，可是我知道只要將這個電路做各種的修改，它就可以做很多其他的事情。這完全是因爲我在電子公司工作過的原因，如果我一直在學校待著，我絕對不會回答地那麼好。

考題的第二部分最爲精彩，是你該對這個線路注意哪些地方？這一部分使得很多同學沒有通過考試，因爲一般的教科書上是不會討論這些事情的。當時我可以好好地發揮，因爲過去一年的工作，使我知道很多這種線路的細節問題。比方說，電晶體的一些參數、電壓的大小等，線路中用了電阻，我也會強調電阻的大小會有什麼影響，這些都是相當重要的，我當然也特別強調這種線路旁不可以有power transistor。

放榜了，我們去系辦，他們不告訴我們分數，只告訴我們通過與否。我是通過了。我十分感激當年在台大時對應用數學打好了基礎，使得我可以通

過電磁學。我更感到幸運的是，我在念博士以前曾經工作過。

我後來慢慢地發現，柏克萊的電機系是相當講究實作的。現在的中央處理器（CPU）中有一種叫做RISC的CPU，這種CPU就是在柏克萊發展出來的，當然也和別的學校合作。柏克萊很多教授對於類比線路極有研究，這都表示這個電機系除了理論以外，也重視實作。

最使我難忘的是那一個考題，我在台灣的電路學考題中，從來沒有看過這種形式的考題，都在計算電流有多大。這種考題強調了所謂電路設計，我當然覺得這種想法是對的。學生必須學會如何設計線路，而不是只懂得分析線路。我後來在教類比電路的時候，就會強調設計，告訴學生設計線路要注意哪些事情，也讓學生在實驗中得到這些經驗。

20

我如何學符號邏輯的

我的博士論文和符號邏輯有關，但是在博士二年級的時候，我根本不懂何謂邏輯，我連AND/OR都不知道是什麼東西。我在布告版上看到一張布告，有位教授希望收研究生做人工智慧的研究，我當然不知人工智慧爲何物，但是那位教授肯和我談談，我就去他家了。

這位教授和我談的時候，我完全聽不懂，但我發現要做人工智慧的研究，是要寫程式的。我當時沒有寫過一行程式，當然也不敢說我不會寫程式，好在這位教授是個盲人，他沒有看見我的表情。

教授問我學過「First Order Predicate Calculus」沒有，我只聽見了calculus，我知道這是微積分，立刻說我學過的。教授問我何時學的，我說是大一學的。這位教授聽完大喜，他說：「怪不得你們中國學生這麼好，我們美國學生到念博士的時候，仍然不知道什麼是First Order Predicate Calculus」。這次我聽懂了，我想我完了，我知道這是一種比較高級的符號

邏輯，我完全不懂的。

回想起來，我當時既不會寫程式，又不懂符號邏輯，怎麼敢跟這位教授做人工智慧研究？可見我不是一個會精打細算的人，但是膽子卻不小。也虧得我糊裡糊塗，我成了電機系全班同學中唯一學資訊的人。當時我並不知道資訊科學會如此受人重視。

教授給了我一篇論文和一本書看，兩者我都完全看不懂。後來才知道那本書是一位邏輯學大師寫的，我想看得懂那本書的人一定不多。那時，數學圖書館裡有很多書，我就進去一本一本地翻，忽然找到了一本我看得懂的書。這本書從AND/OR談起，我這才知道符號邏輯是怎麼一回事。

也許大家會問，符號邏輯到底是怎麼回事。請看下面兩句話：

1. 如果天下雨，我們就要打傘。

2. 現在在下雨。

根據以上的兩句話，我們可以推斷出下面一句話：

3. 我們要打傘。

如果我們有以下的兩句話：

1. 如果天下雨，我們就要打傘。
2. 我們現在無須打傘。

我們也可以推斷出：

3. 現在沒有下雨。

假設我們有以下的兩句話：

1. 如果天下雨，我們就要打傘。

2. 現在沒有下雨。

在邏輯學上，我們是不能推斷：

3. 我們不要打傘。

這種推斷一直是哲學家有興趣的，西方國家將這種推斷一概用符號來代

表，其結果是將一個哲學上的問題改變成數學上的問題。如果我們已經證明了很多定理，或者有所謂的公理，我們就可以用數學的方法推斷出新的定理。

證明定理是一件很有學問的事情，偉大的數學家都是能夠證明定理的，我們學數學的人都要有證明定理的能力。我的博士論文所談的是，如何用程式來證明定理。我實在沒有辦法解釋我的博士論文，這是很麻煩的事，但是我可以解釋一下First Order Predicate Calculus是怎麼回事。

相信大家都知道一句話：「老而不死是爲賊」，這句話是孔子說的，我一直對此事甚爲困惑，因爲老人長壽怎麼就變成賊了?孔子實在不該說這種話。後來我搞清楚了，孔子沒有說「所有長壽老人都是賊」，其實他是指某一個人，這個人年紀不小了，但是行爲不太好。以數學的俗語來說，應該是「世界上存在一個人，他年齡不小了，但是行爲不太好」。

對於很多學數學的人來說，常常搞不清「for all」和「there exist」是怎麼回事。其實這兩句話是完全不一樣的，我們常常說，你不該以偏概全，就是因爲把there exist漏掉了。比方說，我們有時會看到媒體上出現一句話：「現在的年輕人很不用功。」這句話是有語病的，不可能所有的年輕人都是不用功的。應該是說：「現在有一些年輕人很不用功。」

我從前對於for all和there exist也似懂非懂，自從搞懂First Order Predicate Calculus以後，我就對for all和there exist有感覺了。這對我非常有用，最大的好處是，我比從前更加嚴謹，對於數學的證明一定是小心翼翼，即使知道這個定理是正確的，也要在證明的過程中，讓每一句話都要有根據。

我在此做一個結論，那就是當我們進入一個新領域的時候，一定要找到好的入門教科書。所謂好的入門教科書，就是容易看懂的。一本書如果有很

多圖解，也有很多例子，這本書往往是值得看的。這一類的教科書往往不是大師寫的，大師常常以爲讀者都是很厲害的人，所以寫出來的東西往往菜鳥是完全看不懂的。我在這裡勸告同學們，一定要先看簡單的書。如果我當年沒有找到最基本的邏輯書，我就什麼也做不成了。

我從最基本的符號邏輯，學到後來很深的玩意兒，時間還蠻短的。爲什麼我能夠有這種能力？其實只有兩個原因：1.我的英文不錯，看得懂那些教科書和論文；2.我在大學時，數學根基也還可以的。所謂數學根基，多多少少是邏輯思考的能力，而不是會解難題。

現在考試重視選擇題，使很多莘莘學子不太會思考，這是一件很嚴重的事。教育當局也實在應該注意這個問題。

21

我如何學寫程式的

在念博士班的時候，我學會了寫程式，當時我學會了三種程式語言。

1. 電腦中的機械語言
2. LISP
3. FORTRAN

這三種語言都沒有人教我，而是自學的。有一次，一位教授告訴我，因爲我已經通過資格考，可以教書了。所教的那門課是電腦入門，我趕快去看教科書，才知道電腦中有些什麼玩意兒。電腦能夠懂的語言應該就是所謂機械語言（machine language），也就是如何將資料從某一地方移到某一地方，如何做兩個數目的相加等。在當時，柏克萊的電機系有一個虛擬的簡單電腦，也有它的機械語言。我上課時就要教那些大學部學生如何寫機械語言

的程式。

那些學生是很聰明的，他們通常都會先想流程圖，然後利用那些指令來寫程式。我發現我給他們的作業交回來的都是一樣的，我就抓了一個學生問為何如此。那位學生回答：「We work together.」其實就是互相抄。現在回想起來，絕大多數的學生是亞裔學生，他們也要打工，所以作業有的時候就只好抄別人的。但考試的時候倒也都會作答。

我論文所用的電腦語言叫做LISP，這是專門給人工智慧研究者用的一種語言，現在已經很少人懂了。這個語言有點奇怪，但是我找到了一本書，裡面有很多例子，我看了那些例子，也就會寫程式了。

我何時學會FORTRAN的？我完全不記得了。FORTRAN是適合計算的電腦語言，對我來講，這實在是很容易學的，只要小心一點就可以了。也沒有人教過我。

爲什麼我可以無師自通，學會寫程式？其實是因爲我抓到了寫程式的重要關鍵，那就是要會畫流程圖。初學的學生一定要會畫流程圖，比較高級的資訊系學生要懂得演算法。流程圖和邏輯思考是有密切關係的，一旦你將流程圖畫出來了，電腦程式也就應運而生。

現在很多人教學生寫程式，不教流程圖，但是會花很多時間教學生程式語言，這使得學生對寫程式毫無觀念，非常可惜的事。

我之所以能夠自修學會寫程式，其實是因爲例題很多。我一開始的時候就把例題抄一遍，然後執行，這樣多多少少使我對自己有點信心。然後我會修改這些例題，執行以後看能不能有結果。

由於這種經驗，我在博幼基金會教小孩的時候，也是教他們看懂程式後立刻執行，這使他們大爲高興，因爲他們發現程式也就這麼一回事，然後請他們修改後再執行。我認爲我們讀英文也是先要看懂英文句子，然後才會寫

英文句子的，所以讓小孩看懂程式，乃是一件非常重要的事。不必太早要求小孩會寫程式，能夠看懂已經不容易了。

我才開始使用電腦時，是要打卡的，很晚以後才有用終端機寫程式。現在學生都不知道打卡是怎麼回事了。

22

我的盲人恩師

我的博士論文指導教授史雷格教授是麻省理工學院的數學博士，現在是密里蘇打大學的計算機科學講座教授，他是一個完完全全的盲人，對外界任何的亮光，都已沒有反應，經年生活在黑暗之中。

可是我的老闆（我們念博士學位時，都將指導教授稱之爲老闆），卻又是一位非常溫和，而且性情平和的人，見過他的人，都會發現他從未對他的失明而有任何自怨自艾，更沒有因此而脾氣不好。

其實做一個盲人，仍然不是一件容易的事，兩年以前我的老闆來清華，住進我們的招待所，我必須牽著他到處摸索，使他知道馬桶在哪裡，洗臉盆在哪裡，肥皂在哪裡，冷氣機如何開關，早上吃飯的地方如何走等。我後來問他如果他住進一家旅舍沒有人指點，他如何知道這些，他說通常人家看到他是瞎子，都會設法帶他摸一遍，如果無人帶領，他差不多要花上一個小時才能搞清楚東南西北。

大家一定好奇，我的老闆是怎樣念書的？

在上課的時候，他和同學一樣地坐在下面，老師知道他是瞎子，因此在黑板上寫的時候，一概特別爲他講得比較清楚一點，如果在黑板上畫了圖，更要特別描述一番。如果他當時不懂，據他說只要下課以後同學們一定都樂於幫忙。

考試只好用口試，他說每位老師都爲他舉行個別的口試，因爲他念的是數學，人家一下子就知道他的思路是否合乎邏輯，口試並非難事。

如何看書呢？我的老板完全靠聽錄音帶，美國有一個盲人錄音服務社的非營利性組織，任何盲人要念哪一本書，這個組織就找人替他念，義工奇多無比，大多數義工要等很久才輪到他念一本書。可是內行人都知道，現在做研究，最重要的還是要看論文，我老闆在麻省理工學院念博士的時候，就常常貼出布告，說他要看哪一篇論文，希望有人替他念，當時麻省理工學院

的計算機研究生，幾乎都替他念過，現在在伊利諾州立大學教書的劉炯朗教授，就替他念過。研究生唸論文，除了出於愛心以外，還有一個原因，等於自已也念了一篇論文。

美國曾經通過一個聯邦法案，規定這一類錄音帶和書的郵寄，一概免貼郵票，否則我想他不可能念到這麼多的書。

懂得計算機科學的人，一定更會好奇地想知道盲人如何寫計算機程式？如何從程式中尋找錯誤？

我老闆念書是三十年前的事，當時計算機沒有任何一樣替盲人著想的設備，因此他寫好了程式（用點字機寫），就念給一位同學聽，總有人肯替他打成卡片，然後替他送給計算機中心。他拿到計算機印出來的結果，又要找一位同學念給他聽，他只好根據聽到的結果，決定要如何改，也總有同學肯接受他的卡片，而替他改幾張卡片。

最近美國已有不少替盲人設計的終端機，盲人要修改程式，據說一點問題也沒有，我的老闆說明尼蘇達大學有很多位盲人學生，其中不少都是學理工的，全部都要用計算機的終端機。

我老闆一直認爲盲人應該和平常人一樣地生活，社會不該歧視盲人，可是也不該對盲人過分地大驚小怪。兩年以前，我陪我老闆到桃園機場搭機回美國，機場的華航辦事員發現他是盲人，大爲緊張，問他在洛杉磯有沒有人接，因爲他在洛杉磯機場要轉機，我老闆說沒有人接，華航因此堅持不肯讓他上機，他們說他們不敢負這個責任，最後還是由我出面，由我老闆簽了一份文件，保證不會告華航，華航才肯讓他上機。

事後我老闆告訴我，他常搭乘飛機去旅行，從來沒有碰到這種事，他說英國機場對盲人招待最好，他們一看到有盲人，會立刻請他到貴賓室去，而且會有人帶他去登機，華航雖然關心他的安全，卻沒有派人帶路，大概他們

知道自己不會被告，也就不管這位盲人的安全了。

我老闆說他什麼交通工具都用過，從來沒有人接，火車、地下鐵等他都一個人坐，從來沒有人拒絕他上去，在他看來，這種所謂的關懷，其實根本是歧視。

我們華人社會喜歡將盲人講得可憐兮兮的，我曾在台灣聽過一個來自香港的盲人青年合唱團演唱，演唱中一再強調他們都是中國內亂的犧牲品，所唱的歌也都是天倫淚之類的歌，眞是賺人熱淚。

可是我去了美國，碰到了我的老闆，以後又碰到了若干盲人學者，才發現洋盲人從不爭取同情，他們努力地和我們這些人一起生活，不到逼不得已絕不讓人感到他們是盲人，也無怪洋盲人，在學術上有傑出表現者多矣。

像蘇聯的龐屈耳根博士，就是一個例子，這位蘇聯的數學家，在控制理論上的貢獻，可以說是到了永垂不朽的地步，他從小就瞎了，上課時帶了

媽媽去，就靠他媽媽將黑板上的符號、圖等解釋給他聽，其實他媽媽根本不懂數學，有時候大概都講錯了。我在美國念書的時候，曾聽過這位大師演講，他大概是用俄文演講，替他翻譯的是一位波蘭的教授，此公其壞無比，平時對我們同學甚爲嚴格，是一位不受同學歡迎的教授，那天他大概翻譯得不太對，被那位大師用英文臭罵，我到現在還清楚地記得那位盲人大師的威風。

我還認識一位盲人，此人生下來就是瞎子，後來成了數學博士，和我是同行，有一次我們同行開會，他應邀在晚間的宴會上致詞，大家以爲他還會談些學問，不料他大談和芝加哥黑道賭撲克的經驗，試想和黑道賭錢已是有趣的事，而他又是瞎子，所有亮出來的牌全靠人家告訴他，他自己暗的牌是什麼，也靠黑道上的人告訴他，他一口咬定黑道賭博其實並沒有騙局，其理由是他同時和誠實的朋友賭，發現兩者平均輸贏一樣，因此他和芝加哥那批

黑道上的人賭了好幾年。

爲什麼他後來洗手不幹呢？說來有趣，他有一次輕鬆地埋怨一句，說他有一位賭友不夠意思，賭輸了卻遲遲不還他錢，和他賭錢的道上人物立刻拍胸膛，保證替他將錢要回來，我的盲人朋友聽了以後，再也不敢和這些太講義氣的傢伙來往了。

現在看看我們國家，我發現我們整個社會都低估了殘障者的能力，如果孩子是個盲人，父母認爲他能學到了一種謀生的技藝，已經是謝天謝地，我們負責這方面教育的啓明、啓聰學校，也作如此想，所以念了啓明、啓聰學校的學生，是不可能以後念台大電機系或是台大資訊系的。

如果我們要改革，要從觀念改起，我們一定要使失明的年輕人能進入建中，或是北一女，和一般同學一起生活，學一樣的課程，將來一樣地進入大學，和我們一樣地拿到學位。

可惜我們社會上有一批人眞死腦筋，認爲只要有一點點小小的身體上的缺陷，就不能進入某種職業，比方說有一些師範學院拒收有色盲的人，理由是小學老師要帶小孩子過馬路，如果色盲，如何辨認紅綠燈？這種想法，使我國的殘障同胞吃了大虧。

我希望以後整個社會知道，事實證明盲人可以和我們一樣念大學，先進國家大學裡盲人比比皆是，也可以拿到博士學位，更可以在事業上做得很成功，我們不該設很多障礙，使他們根本就進不了中學，更何況大學了。可是一方面我們要掃除這些障礙，一方面又不該對殘障同胞太過於同情，因爲太過於同情，事實上等於歧視，我們應該儘量鼓勵他們自行解決他們的問題，也只有這樣做，我們才是眞正地幫助了殘障同學。

我過去在美國工作的地方，有一個替我們畫圖的部門，有一次我發現這個部門似乎比前安靜了好多，所有的工作人員都不開口講話，而用手語

交談，一問之下，才知道他們來了一位聾子的畫圖員，大家就決定學習手語，久而久之養成了習慣，大家都用手語交談了，這是一個典型的例子，充分表示一個團體應該如何接納一位殘障同胞。

有一次我在紐西蘭街上看到了一位盲人，我好意問他，要不要我幫忙他過馬路，他笑笑說不必，然後他說聽你的口音，你是外鄉人，如果要找路，可以問他，我當時在找某一路公車，就乘機問他到哪裡去找，在他的指點之下，順利地找到了。

我希望我們的小學，國中、高中以至於大學能夠毫無保留地接受盲人學生，使他們能像普通同學們一樣地接受教育，我也希望，我國的政府機關，不僅不要對殘障同胞的求職設限，而且要定下榜樣，主動地僱用殘障同胞。至於盲胞在工作以及學習環境中所可能遭遇的問題，政府不必擔心，因為我們應該有信心，那個環境中自然會有善心的人幫助他們解決問題，過度

的關心其實也是一種歧視。

現在很多大學都招收盲生了，我到靜宜大學時就收到一位盲生念英文研究所，後來在中山大學拿到博士，目前是大學教授，所以我們國家對於盲人的看法是有很大進步了。

23

美國的文化大革命——嬉皮運動

在六〇年代，美國有很多重大的社會運動，而這些運動我都躬逢其盛。首先是民權運動，我是一九六二年到美國的，那時候美國南部的種族歧視仍然相當嚴重，黑人搭公車都是坐後面，看電影坐二樓後面，大旅館是禁止黑人入內的。很多南方的飯館門口貼了一張標語，意思說我們保留拒絕任何人的權利。這其實就是不讓黑人進去吃飯的意思。

一九六五年在洛杉磯南部Watts發生了大規模的種族暴動，一萬四千名美國民兵出動，暴動整整延續了六天，三十四人死亡，至少四千萬的財物損失。我曾經在洛杉磯住過一年，開車時一定經過這個城市，但是我從來不知道這個城市的存在。我相信洛杉磯大多數的人都不知道這個城市裡住的全是黑人，也都非常窮困。

最嚴重的是，當時美國的黑人在法律上都是不平等的，比方說，在南部很多州，投票要經過考試的，白人進來，考官問他貓怎麼拼，這位白人說

kat，考官就說他通過了。黑人進來，考官問他傑克斯拉夫怎麼拼，這個字的英文是czechoslovakia，很少人拼得對的，黑人根本不知道世界上有這個國家，所以連投票都投不成了。

我在念博士的這段時間內，美國的民權運動開始了，金恩博士使得美國人民有很大的覺醒。很多年輕人恍然大悟，自己的國家是很丟臉的。

同時，美國開始了越戰。越戰早就開始了，但是美國一開始只派了顧問團去，一九六四年大幅度的增兵，當時是徵兵制度，所有健康的男人都要當兵。北越派來的軍隊是採取游擊戰法的，所以美國軍人根本搞不清對方在哪裡，從電視新聞中看出美國採取的戰法，會使得大批平民死傷。當時美軍常常對村莊轟炸，而且投的是燒夷彈，這種炸彈可以將整個村莊付之一炬。但是美國的新聞記者卻毫不留情地拍下村民倉皇逃難的影片，這種影片在電視新聞中不斷地播出。很多主播會警告觀眾說，以下所看到的影片是會使你相

當不舒服。

美國因此有了反戰運動，我們柏克萊校園首先開始大規模的反戰運動，也使很多年輕人對自己國家的道德水準有所懷疑。

民權運動和反戰運動都使美國年輕人有一種奇怪的感覺，那就是上一代是僞善的，他們成天講仁義道德，但是對於歧視黑人卻視若無睹，而且很多年輕人對於越戰實在無法苟同，因爲越南是一個很遙遠的地方，美國在越南永遠不能打勝仗，並不是因爲當地的人都是共產黨，而是因爲他們討厭美國人跑到自己的國家來打仗。很多美國年輕的知識分子都極端反對越戰的。

一旦年輕人對上一代表示懷疑，他們就會反對很多的傳統。嬉皮運動就是這樣開始的，我當然也是目睹這場運動的興起。我當時同意美國的種族歧視絕對是錯誤的，我也認爲美國不該在越南打一場絕對不可能贏的戰爭，但是我有一個問題，我是天主教徒，我仍然對很多的舊道德是贊成的，尤其是

有關於性方面的道德觀念，我是相當保守的。當時的嬉皮運動使得美國人從此以後不太提道德這兩個字。

大家不妨注意到，美國過去不可能有《花花公子》這種雜誌，在過去像Hefner這種人是絕對不可能受到尊敬的。自從嬉皮運動以後，他可以堂而皇之地靠利用女性而成了億萬富翁。我始終認爲這是嬉皮運動的一大錯誤。

一九六五年，毛澤東在中國發動了文化大革命，其實在當年，美國也有文化大革命，兩者都對美國社會有極大的影響。中國的文化大革命是由上而下的，因爲他完全違反人性，所以在我看來，中國的文化大革命對中國人的思想並沒有徹底的影響。但是美國的文化大革命對美國的社會卻是有相當大的影響，我們就看美國的電影，在一九六七年以前的電影很少提到性，也很少暗示性的。在當時的電影中，雖然有一些暴力的鏡頭，但是現在的電影，有的暴力鏡頭實在是恐怖到了極點。從前電影中不會有殘忍的鏡頭，現

在可以了。這都與美國的文化大革命強調自由，而不強調道德有關。

當年美國的文化大革命是美國年輕人發動的，他們認為很多舊道德應該得到鬆綁。他們絕對沒有想到，鬆綁的結果是一些資本家利用這種自由而大發利市。

美國的文化大革命摧毀了美國的基本道德觀念，也摧毀了整個西方的道德觀念。西方的道德觀念其實建築在基督教思想上，這次大革命以後，天主教和基督教受到很大的打擊，他們的影響是愈來愈弱的。這對整個人類不見得是一件好事。

24

我在美國國家衛生院工作的經驗

博士畢業以後，我去了美國的國家衛生院工作。這個單位的英文叫做National Institute of Health，顧名思義，國家衛生院是做生命科學研究的地方。大約有二萬人在裡面工作，其中六千人是研究員，都有博士或醫生的學位。這個地方叫做Bethesda，在聖經上，Bethesda是一個池塘，有一個天使下凡以後，到達這個池塘。他的翅膀碰到了池水，從此池水有了醫療的作用。

我去報到的第一天，所有新報到的人都要在大禮堂集合，然後宣誓說，我們的研究一定要爲全體人類，不能替任何一個單位謀利。這種想法是很値得大家注意的，很多生命科學家腦子裡所想到的，都是希望能夠發大財。

我並不懂醫學，我在那裡工作時，上級沒有給我們任何要完成的任務，使得我們可以好好地做研究。當然，身爲一個研究員，我知道研究一定要有結果，所以我很努力地想新點子，然後設法投稿，我們的研究成果完全是看

有多少論文被好的學術刊物所接受。

在這段時間內，人工智慧忽然受到美國學術界的注意，美國政府也就大力地鼓吹。英國不像美國那麼有錢，因此英國請了一位數學家Lighthill研究人工智慧究竟值不值得政府大量投資。Lighthill教授在三個月內寫出了一份報告，點出人工智慧的一些問題。我試述如下：

1. 很多問題可以由工程師來解決而不必模仿人類，比方說，過去煮飯是蠻複雜的，先要用大火將米的水收乾，然後再用小火，所以從前的飯裡會有鍋巴。但是工程師發明了電鍋，電鍋煮飯的方法與前人完全不一樣。這是一個很好的例子證明Lighthill的說法是對的，洗衣機也和過去洗衣的方法是不一樣的。

2. 人的想法是不可能模擬的，比方說，有一天你從A地回來，發現家裡的鑰匙不見了，你會立刻打電話到A地去，問對方有沒有發現你的鑰

匙，但是對方找不到。你想起一件事，從A地回來時是坐了B先生的車，可是你又不知道B先生的電話，這時你想起C先生可能有B先生的電話，於是你就打電話給C先生。C先生告訴你B先生的電話，你和B先生連絡，B先生停下車以後，發現了你的鑰匙，最後你還要開車去拿這把鑰匙。

這是一件很稀鬆平常的事，但是要讓電腦也解決同樣的問題，它必須在它的記憶體中記住好多事情，比方說，(a)如果你的鑰匙不見了，而你是從某地回來的，你就應該先打電話問對方有沒有發現你的鑰匙。(b)如果那裡沒有你的鑰匙，而你又是坐B先生的車回來，你就應該打電話給B先生。(c)如果你沒有B先生的電話，而C先生有B先生的電話，你就應該打電話給C先生。

各位一定可以想見，我們每個人在日常生活中都要解決很多問題，解決這些問題不會有什麼困難。我們的腦子裡的確有一種功能可以幫助我們解決

問題，也就是說，當一件事情發生時，我們的腦子可以立刻想起很多與這件事有關的資訊，而且腦子會利用這些資訊。可是如果要使一部電腦能夠像人一樣解決問題，就要在記憶體中放入成千上萬的資訊，而且要能在極短的時間內找到與問題有關的資訊，這是相當困難的。

所以我慢慢地就有了一個想法，那就是不必有很大的野心，想造出一個和人一樣聰明的機器人，因爲人的普通常識好像是電腦無法得到的。但是我們可以利用電腦解決很多特殊的問題，嚴格說來，會解決這些複雜而特殊的問題並不代表電腦有人工智慧，但這種想法比較實際。

我在國家衛生院工作時，和我的一位同事合寫了一篇論文，這篇論文是說我們可以用符號邏輯來證明一個程式是否正確。我們也舉了幾個例子，這篇論文就發表了。沒有想到的是，美國國防部對我們的論文極有興趣，他們完全不知道這篇論文所舉的例子是很小的程式，只要大一點的程式，我

們的辦法就毫無能力了。比方說編譯器（compiler）和作業系統（operating system）這些龐然大物的程式，要證明它的正確性是幾乎不可能的。

我有一位好友，他告訴我，他辭掉教職去一家專門做研究的公司，他們的經費來自國防部，要發展的就是利用符號邏輯來證明程式的正確性。我一聽之下，大吃一驚，立刻勸他不要搞這個玩意兒。他沒有接受我的建議，最後他精神衰弱，整整休息了一年才又恢復到大學任教。我對這件事始終耿耿於懷。

在此我也希望大家知道，很多學術上的研究僅僅有學術上的價值。學術研究總是要做的，但是我們必須要能判斷學術論文是否有實際的工業價值。要有這個能力，我們必須對工業的眞實情況有所了解，否則我們會浪費很多時間和精力而毫無成就的。

我在國家衛生院工作，發現了一個對我很重要的事實，那就是醫生還是

只相信自己的。對他們而言，電腦是有用的，可以幫助他們，有相當好的輔助作用，使他們的工作可以很順利地進行。但是他們都認爲自己是不可能被電腦取代的，任何重要的決定，仍然是醫生的決定。

我有一位同事叫做張清良，我們兩人發現當時全世界很少人懂得符號邏輯和機械化定理證明，所以就合寫了一本書，叫做《Symbolic Logic And Theorem Proving》。運氣很好，這本書由Academic Press出版了。這本書後來有了日文、俄文和義大利文的翻譯本，這也是唯一有這麼多翻譯本的電腦科學書。

25

我在美國的最後一年

我在美國最後的工作地點是海軍研究所，美國的確是一個注重研究的國家，有各種國家辦的研究所。我在海軍研究所其實應該算是表現得不錯的，有人會送一些資料來給我分析，我不知道這個資料的來源，但是分析的結果往往使得送來的人非常高興，因爲他們知道資料的來源，可是無法用科學的方法找出大量資料中的特殊之處。我那時懂一點graph theory，利用這些很簡單的數學可以有些貢獻。

在這裡工作我才發現美國國防部的腐敗情形，有一次我去參觀一個展覽，是很多國防部委託的小公司陳列他們的研究。有趣的是，這些公司的董事長幾乎全部是軍人退伍的，實在可笑。

當時的國防部長叫做Weinburg，他有一天在一棵大樹下發表一個聲明，那就是美國國防部目前使用很多不同的電腦語言，以後國防部要使用一種電腦語言，叫做ADA。

我立刻就覺得很奇怪，之所以有不同的電腦語言，乃是因爲有不同的需要。比方說，如果我的程式需要在極短時間內完成任務，那最好用電腦的最基本語言，也就是所謂的機械語言，每一個指令都是由◯與一組成的。這種程式很難寫，但是執行起來一定是最快的。在戰鬥機上，飛行員要控制飛機，常常要靠電腦，這時程式的反應一定要愈快愈好。但是如果電腦是要做有關數學的運算，沒有人會用機械語言的。

就以車輛爲例，軍隊中會用到坦克車，也會用到卡車和吉普車。如果美國國防部只有一種車子，那才好笑。即使是槍枝，也應該有不同的種類。所以我下了一個結論，這個語言絕不可能成功。

可是當時有好幾位美國教授離開教職，到軟體公司替國防部發展ADA語言的編譯器，最後的結果是一無所成。我認識一位教授，他本來在一所著名的大學教書，ADA編譯器做不出來，他就想回去教書，被那所大學拒絕

了，因爲大家認爲你怎麼可以如此糊塗。他只好到一所比較不有名的大學任教。

我向來會對一些事情表示反對，可是大多數人沒有這種習慣。現在全世界幾乎沒有一位教授在教ADA語言，ADA語言是徹底的失敗了。我們幾乎可以說，政府官員所提倡的，最好不要跟隨。這件事情實在是有趣，因爲國防部長根本不懂電腦，從來沒有寫過程式，但是美國人喜歡新的東西，所以身爲政府官員，如果不搞出新的想法來，好像沒有盡責。

我在美國待了十三年，深深感覺到，在美國如要能在職位上爬上去，必須能言善道。如果你講一大堆道理，上司有聽沒有懂，他通常反而對你非常佩服。

26

束裝歸國

我在美國待了十三年，在那裡的生活應該算是不錯的，住的房子有很大的院子，收入也很穩定。我太太在馬里蘭大學的圖書館做事，如果要享受好的生活，我實在應該留在美國的。

我之所以離開美國有很多原因，最大的原因是我始終不能想像自己一輩子都在美國。我住的地方有一個很美的湖，每到美國國慶，湖邊就會有音樂會，演奏古典音樂。音樂會開始，全體起立唱國歌，大家唱的時候都有情感，但是我一點都沒有。對我而言，國歌就是三民主義，吾黨所宗。我對美式足球也毫無興趣，對美國菜更加是食而不知其味。

有一次，我工作的單位有一個晚會，播放很多東方音樂，我走進會場時，音樂正好是綠島小夜曲。我離開台灣以後就沒有聽過這首歌，這使我幾乎眼淚都流出來了，我從來不知道綠島小夜曲如此地好聽。還有一次，我到一個天主教的隱修院去望彌撒，隱修院的神父問我從哪裡來，我告訴他，我

來自台灣。隱修院是與世隔絕的，所以我們不能進入教堂，但是可以在教堂外面的走廊望彌撒。沒有想到在彌撒結束後，整個教堂播放江文也所寫的聖母經歌曲。我離開台灣以後，也從來沒有聽過我喜歡的聖母經歌曲，當時我感動得不得了。

在美國住了很久以後，我有了一些積蓄，使我可以回到台灣來看看。當時也接受了清華大學理學院沈君山院長的邀請，在清大住了一些日子，和很多學生有所接觸。我發現在一九七四年的台灣各大學幾乎都只有極少數的資訊教授。

我在美國發表了不少論文，每篇論文都要註明我是在哪裡工作的。我因此有一個想法，我應該可以繼續地發表論文，但是我希望以後論文上的工作單位是在台灣，替台灣爭口氣。

我回國的另外一個原因乃是我的父母都年紀大了，我在美國求學期間得

知奶奶在中國去世，令我感到非常傷心。因爲我心中一直有個想法，是要能夠孝順奶奶的。我無法孝順奶奶，至少要能夠陪伴父母，所以我不能一直留在美國。

當時沈院長一再邀請我回國，我就答應了。我在一九七五年八月回到台灣，能夠離開美國，我非常感激我太太的支持，她肯放棄美國舒適的生活跟我回到台灣，實在不容易。

我在美國的朋友多半反對我永久回台灣，其中原因很多，有一位教授勸我到了台灣以後，就不必再想做研究了，應該只做推廣電腦的工作，因爲台灣的環境是不可能做什麼學術研究的。我當時就很不服，現在回想起來，我一直很勇敢，我相信自己一定可以繼續做研究。

我現在已經退休了，但是我必須告訴大家，我在台灣所做的研究結果比在美國的好得多。我也是在台灣成爲IEEE Fellow的，不僅如此，我還當了

大學校長，甚至於被聘爲總統府資政。這都是因爲當年聽到綠島小夜曲和聖母經歌曲的原因。有的時候，人不要太精打細算，也要稍微浪漫一點，當然也不能太浪漫。

27

從清華的電腦看清華的進步

我在回台灣以前，曾經問沈君山院長，清大用什麼電腦，他的回答是IBM1130。當時我問我的同事知不知道這台電腦，大家都沒聽過，一定是相當先進的。回國以後，才知道清大的電腦中心就只有這一台電腦，而且是要打卡的。我在美國早已忘記打卡是怎麼回事了，可是要寫程式也就只好找學生打卡。

我回國以後就學會了COBOL語言，也教了COBOL，研究仍然要用FORTRAN。這台IBM1130實在是落伍之至，同一個時間只能執行一個程式。好在當時用的人也不多，我在裡面等一陣子就可以拿到結果。我有一位學生很厲害，他可以從電腦執行的聲音判斷電腦在執行哪一個電腦語言的程式，比方說，執行COBOL時，電腦聲音比較沉重，執行FORTRAN，電腦聲音比較輕快。這種經驗也是非常有趣的，但是我始終沒有能夠有這個能力。

我在清大教書不久，清大就開始購買比較好的電腦。電腦中心有過CDC公司的大型主機，然後資訊系用的是自己的Mini電腦。我們曾經用過VAX電腦，這是當時DEC公司所推出的電腦，清大在電腦方面可以說是已經與外國同步了。清大一直有電腦中心，在我做教務長時，我將電腦中心改名爲電腦與通訊中心，因爲個人電腦愈來愈普及，電腦中心不會再有自己的大型電腦，但是我意識到清大的對外通訊會大量的使用網路，而網路當然與電腦有關，雖然沒有大型計算機，但是仍然有很多伺服器。

從清大的電腦可以看出清大的進步，民國六十四年的清大只有幾棟很矮的大樓，和現在完全不能相比。可是清大的進步不能從有沒有大樓來判定，最重要的應該是看清大有沒有變成一所研究型大學。有很好的電腦也許可以幫助教授做研究，但是如果清大沒有好的教授，再好的電腦和儀器都不能使清大的研究成果變好。

我在清大服務了很多年，目睹清大在學術上的成就有很大的進步。清大之所以有很大的進步，是因爲整個國家的進步。値得注意的是，我回國的那一年是國家風雨飄搖的一年，因爲蔣總統的去世，使很多人對國家的前途沒有信心，那時候我們已經退出聯合國，一九七九年美國和我們斷交。我到現在都記得那一天的情形。

但是清大的進步沒有因爲這些局勢的不利而停止，反而變得愈來愈好。這恐怕是很多現在年輕人無法了解的事。

28

我目睹了半導體技術的引進

我是一九七五年回台灣的，那個時候，整個清華大學只有極少數的教授有汽車，絕大多數的師生是靠腳踏車代步。我總記得家裡需要延長線，清大在新竹的光復路上，可是當時的電器行居然沒有我要的延長線。教授宿舍裡的電話都是清大總機的分機，沒有私人的電話，所以總機小姐其實知道很多教授的私事。

在那個時候，我們國家其實沒有什麼眞正的工業產品，我們是有一些加工出口區，那些加工出口區僱用了很多工人，裝配了一些東西，技術完全是外國的，所以我們可以說是一個農業國家，GDP當然也是很小的。

當時的行政院長是孫運璿，他是電機工程師出身，他和李國鼎先生都非常重視科技的發展。大家也許都記得，當時有所謂的十大建設，十大建設以外，孫院長力主引進國外的半導體技術，這件事使得我們國家一夜之間成爲了工業國家。我們的經濟也就起飛了。

當年引進的是半導體製造技術，可是光靠半導體製造技術是不夠的，國家當然需要積體電路的設計技術。我當時對半導體設計毫無觀念，而且我的領域是資訊科學方面，但是我認爲我們學資訊科學的教授和學生都應該懂一點半導體科學。我們這些人當然不可能了解半導體的製造，但是在半導體設計方面一定會有貢獻，所以我就請了好幾位清大電機系的教授來給資訊系的教授上課，當然資訊系的研究生也都來聽課了。

清大資訊系當時的教授都很年輕，也都很能幹，陳文村教授在過去其實是完全不懂半導體設計的，可是他帶領了一批研究生，居然在短時間內設計了一個積體電路，而且也在當時的半導體工廠製造成功。

相信很少人知道我們國家的工業界能夠在非常短的時間內吸收半導體製造和設計的技術。大家一定很熟悉個人電腦，個人電腦需要一個厲害的CPU，美國的Intel會設計這種CPU，但是任何一個個人電腦都不能只有一個

CPU，比方說，電腦需要操作很多周邊設備，那些設備也需要積體電路。台灣有很多廠商能夠設計這種周邊設備所需要的積體電路，美國的Intel常常在短期內推出新的CPU，我們的廠商也能很快地了解這些新CPU的功能，因此也可以推出新的周邊設備所需要的積體電路。

當然，這使台灣改頭換面，因爲忽然之間台灣變成了一個可以生產個人電腦的國家。我們向國外購買CPU，但是其他的積體電路都是自己設計的，周邊電腦設備也是自己能夠製造，讓全世界都注意到我們國家。

積體電路不僅用在電腦裡，很多工業的設備都要有特別功能的積體電路，當然也就有很多工程師設計這一類的積體電路。虧得孫院長當年引進了半導體技術，使得我們國家有晶圓代工的工廠。台灣的晶圓代工工廠不僅替自己國家製造積體電路，也替全世界做晶圓代工的工作。

我們必須知道，當年引進的技術不是很先進的技術，我們的工程師知道

這一點，如果只靠這種半導體技術，那是絕對危險的。幸運的是，這些工程師不僅引進了技術，還儘量地設法了解這些技術的原理，比方說，在某一個製程中要加溫，當年引進的技術說溫度一定要某某溫度，如果工程師不去深究就一輩子不知道溫度爲什要一定要如此。在製程中，氣體的壓力也是不能錯的，工程師如果不去研究壓力爲何要定成那一種，他們就不會眞正地了解半導體是如何製造出來的。

由於工程師的認眞，台灣的半導體製程技術就慢慢地在全世界領先。要知道，中國當年也引進了日本非常高級的半導體製造技術，但是他們的工程師不夠認眞，所以並沒有眞正地了解技術的原理。不了解原理，當然不可能提高製造技術的水準。

我們必須感謝孫院長的高瞻遠矚，他不是一個只知道小確幸的人，他引進半導體技術時，整個國家沒有任何的半導體工業，但是他了解半導體工業

對整個國家的重要性。我們現在都知道，半導體技術對於各行各業都是重要的，國家的工業發展不能沒有半導體工業。我們可以說，孫院長抓到了工業發展的一個關鍵性重點。有這個能力實在不容易。

我們除了要感謝孫院長以外，還要感謝半導體工程師的努力，如果他們只知道使用外國引進的技術，那幾年之內台灣的半導體工廠一定是一個非常落後的工廠，也一定會被淘汰掉的。

29

追憶李國鼎先生

我們國家的進步，除了孫運璿院長有很大貢獻以外，李國鼎先生絕對有功勞。他的事蹟不需要我來講，值得一提的是，他曾經做過經濟部長，經濟部長是花錢的部長，因此有人挑戰他，看他能不能做財政部長，他又做得很好。很少人知道李國鼎是物理系出身，也是英國劍橋大學Cavendish Laboratory的研究生。抗戰爆發，他毅然回國。他之所以能夠對國家很有貢獻，絕對是因爲他非常聰明的原因。

我回國以後，不知什麼原因認識了李先生，那個時候，每一週李先生和幾個人開會，討論如何推展電腦科技的問題。一九八〇年，日本宣布他們要聯合全世界的電腦專家共同發展第五代電腦。第五代電腦的特別之處是平行計算和人工智慧。日本還特別舉行一個會議，李先生就問我對這個事情的看法。我告訴李先生，日本人向來將他們的技術保密的，這次他們敲鑼打鼓地要和世界各國共同發展第五代電腦，顯然是在做公關，但是李先生仍然叫我

去參加那個會議。

會議果眞非常熱鬧，來了大批的美國教授，我都認識他們。一九八〇年，人工智慧在美國已經走了下坡，不再吃香。這些靠人工智慧吃飯的教授們當然苦於沒有經費支持，一旦發現日本人願意支持，當然都來了，而且都講些近乎諂媚的話。

李國鼎先生最後的結論是，他不會管這件事，教授如果要跟著做第五代電腦當然是可以的，但他本人絕不會推行這個研究。我當時就不看好這個電腦，原因很多，不過我當時的判斷應該是正確的，因爲世界上根本沒有當時日本人所要發展的第五代電腦，那個計畫也就悄悄地結束了。如果問現在的資訊系教授和學生，一定也沒有人知道第五代電腦的。

做政府官員的人，一定要有好的判斷力，不能人云亦云，見到風就是雨。最好對任何事情都要聽不同的意見，當然最後總是要由自己做決定。像

李國鼎這樣的官員，即使在當時，也是很少的。我以後從來沒有碰到過像他這種人。

我還記得一件事，那就是在中美斷交的第二天，李先生接見很多人，他似乎完全沒有理會斷交這件事，只說了「局勢對我們很不利」，但是他所談的全部都是我們該怎麼做。這一席談話使得我們當時在場的人都對自己的國家充滿信心，因爲李先生認爲國際局勢怎麼變，我們都要努力地建設國家。這也是唯一的辦法，國家如果建設好了，國際局勢對我們的影響就不大了。我很感謝李國鼎先生，因爲他使我有一種想法，那就是我們應該努力地建設國家，將自己的國家建設好，不必成天太關心國際間的事情。

我和李國鼎先生接觸的時候，知道他除了在推廣資訊教育以外，還關心醫療網的建立。他認爲國家有義務使得全國的老百姓可以得到較好的醫療，比方說，急救就不能只有城市裡的人民才能享受到。當然我們無法使所

有的窮鄉僻壤都有非常好的急救設備和醫生，但是最好能夠在偏鄉不遠處就有可以提供急救的醫院。現在我們國家有很多的醫院，雖然不是所謂的教學醫院，但都會有醫生和急救設備。偏鄉的人如果需要急救，也不一定要到城市裡去，在附近不遠處就可以得到這種治療。

在所有的政府官員中，對我影響最深的是李國鼎先生，他對我最大的影響是使我感覺到科技對國家的重要性。在他的時代，國家是相當重視科技的，如果各位看我們國家的經濟發展，也會發現那個時代是我們經濟起飛的時代。

30

我們國家在學術上的進步

在我一九七五年回國時，各個大學的學術水準比現在要低得多，但是我親眼目睹我們國家大學的水準愈來愈高。這不是完全因為大學教授努力的原因，而是因為整個國家的經濟變好了。一旦國家的經濟變好了，大學就可以得到較多的經費，可以聘請更多的教授，也可以得到政府在研究方面的資助，當然學術水準也會水漲船高，比從前進步很多。

可是最重要的是，很多大學對教授的升等要求愈來愈嚴格，美國對於大學教授有一句大家常說的話，那就是Publish of perish，也就是說，如果沒有論文發表，大學會請你走路。當然也不是每所大學都要如此做的，可是所謂研究型大學都要求教授能夠發表論文，因為如果教授們一直沒有發表論文，學術界就不會注意到這所大學的存在。在很早以前，台灣的大學中，教授的數目本來就不多，大學實在不可能對教授做如此的要求。所以在很早以前，台灣實在不能說有研究型大學。

因爲經濟變好了，大學可以請到教授，而且想回國教書的人也愈來愈多。有幾所大學有能力要求他們的教授有很好的論文發表，清大對於教授的升等當然也就愈來愈嚴格。在很短的時間內，台灣有好幾所大學成爲研究型大學。

研究型大學一定會有博士班，大學部的學生，說實話，只是學到一些學科中普通的知識而已，碩士班就稍微好一點，因爲台灣的碩士班都要做一些研究，所以研究生會學到很多在大學部裡沒有學過的東西。可是眞正學術的傳承，還是與博士生有關，很多大學教授有很多的學問，但是他絕對不可能將這些學問全部傳給碩士生和大學部學生。我到清華的時候，不知道清華有多少系有博士班，現在清華每一個系大概都有博士班的。

我仍然要強調，一個國家的大學水準和它的經濟是有關的，非常窮的國家不可能有學術水準非常高的大學，因爲辦大學是要有充足經費的。

學術對國家是重要的，它是一種看不見的資產。先進國家都有很好的學術水準，這從他們的大學水準可以看得出來。我們可以大略地將學術分成兩類：人文和科技。

科技對國家的重要性是很容易了解的，科技落後的國家都是貧窮的國家，也是所謂的弱國。因此，大家提到學術，往往只想到了科學家和工程師，其實我們更應該注意人文方面的學術。台灣有很多原住民，各種原住民有其不同的語言，但這些語言都屬於南島語系，單單南島語系就是一大學問。語言學者可以窮其一生研究南島語系。研究南島語系是一個學術上的研究，但是對我們國家社會而言，這絕對有助於各個宗族之間的互相了解和尊重。再舉一個例子，大家都應該知道各個國家的歷史，阿富汗是一個窮困的國家，所以大家不會有興趣去知道阿富汗的歷史。美國在二〇〇一年出兵阿富汗，十九年過去了，仍然無法撤軍。這是因爲布希總統完全不知道阿富汗

的歷史，美國國務院的官員恐怕也對阿富汗的歷史毫無所悉，他們不知道阿富汗雖然是個小國，但是是一個非常難征服的國家。如果美國有更多有國際觀的學者，大概不敢如此輕率地進軍阿富汗。

我們是一個強調外銷的國家，但是我們往往對世界各國的文化缺乏深刻的了解。我們的推銷員也很少能講很多外國語言，這對我們的經濟發展是不利的。如果我們國家的推銷員到了一個國家，可以和當地人民談到這個國家一些歷史上的故事，絕對有利於推銷產品。

學術的傳承完全靠大學，大學的博士班因此是相當重要的。我親眼看到我們的大學在學術研究上比從前有顯著的進步，但是最近想讀博士的人愈來愈少，這種情形絕對對整個國家的學術水準不利。不僅會影響我國的科技發展，也會影響整個國家的人文素養，當然也會影響國家官員如何做決定。尤其令我感到不安的是，中國的學術水準愈來愈高，這實在是非常嚴重的事情。

31

我的徒弟

我小的時候，作文題目常有「我的……」，舉例來說「我的爸爸」（如：我的爸爸在嚴肅的外表下，仍有一顆仁慈的心……）、「我的媽媽」（如：我的媽媽有一雙粗糙的手……）、「我的老師」（如：我的老師淡泊其志……）等。現在我已八十二歲了，我仍要表示我對我的學生的謝意。因爲我有一大票可愛的徒弟。

做我的徒弟，有時倒霉之至，因爲我喜歡打網球，可是從不認眞打，也不喜歡和同事打，以免蜚短流長，和學生打網球，可以聽他們胡扯，一樂也。我有一陣子起得很早，壓迫一位同學六點半起來，這個小子被我鬧得可憐兮兮，就假裝鬧鐘壞了、鬧鐘丟了等的說詞，可是我直奔他的宿舍，將他從甜睡中抓起來。有一天，我又去宿舍抓人，他的床上人去床空，我正想離去，他的室友賣友求榮，告訴我他睡到隔壁去躲這一場「政治網球」，我得了線民的密報以後，依線索找到了這個小子，眞所謂「天網恢恢」。

我的徒弟陪我打球，一概又不贏，又不輸，有一次一位球友向我告假，說他下次不能來了，因爲他要去上週會，我知道他根本從不去上週會，爲何這次要去？原來他是全校網球冠軍，要去領獎。我從此龍顏大悅，對自己的球藝大有信心，逢人就說我和清大的網球冠軍打球，而從沒有輸過球。

有一天，我路過網球場，看到我的徒弟在和他的同學打球，又抽又殺，兇猛無比。如果他以此對我，我恐怕一球都回不出，從此才知道，這個小子良心多好，我常常告訴他，像他這種有良心的人，將來一定會上天堂，他大惑不解，不懂爲何陪老師打網球，就可以上天堂？

除了早上到宿舍去抓人打網球以外，我還有一個惡習，常常半夜三更打電話去和學生談學問，我的徒弟們紛紛不堪其擾，可是也無可奈何，個個叫苦連天，有一次，幾位高足在校內沒有宿舍可住，只好住到校外，我的一位高足就死也不肯裝電話，以防我晚上打電話去鬧，可是他後來交了女朋

友，只好裝了電話。此公現在在南部某大學任教，我陰魂不散，仍然打電話去和他談學問，有一次我希望他週日下午和我以電話討論，他說不行，因爲他要帶孩子出去玩，不知何故，我那天下午又打電話去，這次他太太接的電話，告訴我他的丈夫根本沒有帶孩子去玩，而是去橋牌社打橋牌了，她告訴我橋牌社的電話，我打去，告訴他們我要找某某大學的楊某某教授，他們竟然廣播找人，我的寶貝徒弟眞是氣得半死。好像最近都不去打橋牌了，因爲我每次打電話找他，他不是在家，就是在研究室，用功得無以復加。

我另一個毛病是喜歡抓學生一起去吃飯，有時太太小孩不在，我就逢人就抓，陪我去吃飯。有次我的高足告訴我他不行，理由是他的祖母從台北來，他要回家陪祖母。這個理由崇高無比，我當然不能勉強他，可是那天晚上，我又有問題要找他，一通電話打到他家裡去，他媽媽告訴我他陪他女朋友吃飯去，根本沒有祖母自台北來之事。我的徒弟做賊心虛，吃飯吃到了一

半，打電話回家去查，問老師有沒有來找，他媽媽據實以告，他飯沒有吃完，將女朋友丟下不管，趕到我的研究室來找我，這個小子善於裝天眞浪漫的樣子，這次更不例外，一副小孩模樣，向我保證以後不會用祖母來的藉口。

我們每週舉辦一次書報討論會，前面永遠都是教授們坐，後面才是快畢業的博士班同學，博士班新生尾隨其後，而碩士班的小鬼們永遠敬陪末座，他們也通常不敢發言，只是專心聽那些準博士們的放言高論。

我從前的辦公室有一張會議桌，每次學生聚會，博士班學生會自動地坐在會議桌旁，碩士班同學只敢坐在其他的椅子上，即使會議桌上有空位，底下擁擠不堪的碩士班同學們也不能去占個位子，所謂「有學問的老爺坑上坐，沒學問的老爺坑下坐」，有一位同學告訴我，他當年不知道這種行規，看到那邊沒有人，跑去坐，被人趕了下來。他發誓將來一定要念個博士

學位，以雪此恥。我的學生階級如此鮮明，我從不反對。因爲學術界有些階級制度，只要是以學問來分，也是好事。

過去我曾做過電機系的系主任，將所有有一門不及格的同學，一概抓來訓一頓，有一次我看到一位傻呼呼的同學在看布告，就問他：「你有沒有功課不及格？」他說有，我說趕快到我辦公室去，我要和你談談，他跟著我進去，等我將學生成績單拿出來，他才開口問：「老師，我不懂爲何我要來挨罵，我是數學系的。」

有一次電機系二年級的同學決定要和系上的老師們建立革命感情，叫了酒菜，請我們老師們去吃喝，我隔座的學生眉清目秀，我因此對他有了印象。可是我事後常在校園裡看到他，每次都問他：「我怎麼認識你的？是不是當年有功課不及格？」如此很多次，他畢業後，來向我辭行，因爲他決定到別的大學去念研究所，原因是如果他繼續在清華念，我一定會一直問他是

不是當年功課不及格，他實在吃不消，只好一溜了之，在清華，他實在混不下去了。

做研究生的，必須用盡方法給老師一個印象，那就是他很用功。我常打電話到學生的研究室找人。有一次，我直接去一間研究室，發現黑板上寫了「李公常來騷擾，即日起，實行值日生制度」，下面註明了每天晚上由某一位同學留在研究室。這些小子後來也成了教授，聽說他們的學生也常躲他們。

我在暨大的時候，有一次出去演講，回來的路上，和我同去的學生打了一個電話，只說了一句話：「快回來了。」原來我外出，我的學生們紛紛出去打籃球了，這個電話是要他們趕快回研究室。我回去以後，發現我的學生汗流浹背，而且臉孔被太陽曬紅了。我卻替他們高興，因為運動常是最快樂的事。

我最喜歡的學生是會討我歡心的學生，在靜宜做校長的時候，放了一張我年輕時的相片，當然那時的模樣完全和我做校長的模樣完全不同，但有一位同學卻說：「我一眼就知道這是你的照片，你完全沒有變。」我立刻感到這個小子將來很有前途，果眞他後來在職場上混得很好。

話說我除了在大學教書以外，也設立了私塾，收了一些徒弟，這些學生都是到我的研究室來上課的。有一位學生永遠早上八點鐘上課，我早上要喝杯咖啡，所以這個小子就和我共享咖啡，如此很久。有一天這個小子忽然對我說：「老師，我要續杯。」我當時嚇了一跳，然後清醒過來，跟他說：「看來你應該找一個書僮伴讀。」這個小子是足球校隊，而且當兵時是在左營的足球國手訓練營受訓的，可見他的腿有多壯。但是有一天我穿了短褲，他居然說：「老師，你眞厲害，你的腿比我的腿還要好看。」他因此變成了我最喜愛的徒弟。

我非常感激我的徒弟們，他們帶給我的快樂，是我終生不會忘記的。

32

新竹德蘭中心

清華大學是在新竹市，離新竹市不遠的寶山鄉有一個兒童中心，叫做德蘭中心。我從新聞上發現了這個中心，很早以前，這個中心專門收養有小兒痲痺症的孩子。我認識一位記者，他的報導領域是社會上發生的種種案件，可是有一次他寫了有關德蘭中心的報導。我就打電話問他說，這不是你的領域，爲什麼會報導德蘭中心的故事？他的回答使我不能忘記，他說，如果我成天只知道社會上不好的事情，我的心情會很低落，所以我過一陣子就要去德蘭中心，因爲每次到了德蘭中心，我又對社會恢復了信心，心情也就好得多了。

我曾經借一筆錢給我的一位同學，這位同學一直沒有還我這筆錢，我也早已將這件事情忘記了。十幾年以後，他將這筆錢還給我，因爲當年借的是美金，所以還回來的台幣也不少。我大喜過望，想利用這筆錢去買一套較好的音響，但是被太太否決了。她說，你早已忘了這筆債務，所以這是不義之

財，必須捐出去。我也無法可施，商量的結果是要捐給德蘭中心。

我們那時沒有汽車，所以要先坐公車到新竹火車站，那裡有到寶山鄉的公車。到了德蘭中心，將錢給了修女以後，那位修女問我是做什麼的，我說是清大教授。她就問我會不會教國中的英文和數學，我說會，她說這個週六就開始吧。我常常說，修女們的請求，你通常是不敢拒絕的，所以我從此以後就和德蘭中心有了不解之緣。

德蘭中心後來並不是只收養小兒痲痺症的孩子，因爲小兒痲痺症後來在台灣絕跡了，所有的孩子都是因爲家庭出了問題而來，所以德蘭中心是一個安置機構。因爲修女們二十四小時都在這個中心，孩子們會有一種住在家裡的感覺。

天主教的修女們是很通情理的人，她們非常了解孩子們的想法，也和很多教授們有所連絡，使得孩子可以在她們的循循善誘中有很好的成長。我

因此寫了一個故事，叫做〈車票〉，因爲用第一人稱寫，很多人誤以爲我是在德蘭中心長大的。這個故事每年到了母親節，就會在網路上流傳，也有很多人說這是我的眞實故事。我從前還會去解釋一番，最近我已經放棄解釋了。也因爲我的故事，德蘭中心變得很有名氣，很多人打電話去問孫修女還在不在。在我的故事中，孫修女是帶我長大的。

我在德蘭中心教了快三十年的書，深深感受到偏鄉孩子的問題。我在德蘭中心的經驗使得我後來成立了博幼基金會，因爲我覺得我們國家的確有嚴重教育城鄉差距。

希望大家知道，一個孩子如果很貧窮而且功課在班上嚴重落後，他極有可能被黑道所吸引。德蘭中心很幸運，有很多新竹科學園區的工程師願意來當志工，替孩子們補習。這不僅僅幫助了他們的學業，也擴大了他們的視野，因爲他們從小就知道台積電、聯電、旺宏公司、工研院等，對他們的品

格教育也是有正面影響的。

不過，孩子永遠是孩子，我所教的這批孩子中，女生不太調皮，男生實在是調皮。如果兩個男生坐在一起，我知道他們永遠在推來推去，以此爲樂，所以我必須將男生分開。這些大男生還會打著玩，實在很可怕。有趣的是，修女看到兩個大男生在地上互鬥，完全若無其事，連罵都沒有，因爲她知道這是打著玩的。

德蘭中心的修女們有一個特色，她們永遠使你感覺到平安和喜樂。你很少看到修女愁眉苦臉，有一次，我捐了一些錢給修女，這位修女說，好極了，我要馬上將它存進農會。我詢問農會會不會出問題，修女說，農會如果出問題，總會照顧德蘭中心的。她告訴我，德蘭中心完全靠捐款爲生，有多少人捐錢就用多少錢。當時當地還沒有郵局和銀行，只能把錢存在農會。她說德蘭中心立案時，有一筆錢是存在新竹市的一家銀行，平常所得到的捐款

幾乎都會用掉，根本沒有什麼存款可言。我才眞正地感覺到這些修女們是不擔心的，她們認爲天主一定會保護她們。

有一次，有人送很多西瓜來，一位修女就告訴我，昨天孩子們希望吃到西瓜，可是修女告訴他們西瓜是很貴的，中心有這麼多的孩子，她們實在沒有錢買西瓜。她向孩子們說，你們祈禱吧，祈求天主讓你們有西瓜吃。所以今天就有人送西瓜來了。

這些故事都對我後來在管理博幼基金會時有很大的幫助，但是我了解，如果德蘭中心辦得不好，天主會降福德蘭中心嗎？我們天主教徒應該相信天主會幫助我們，可是我們自己先要努力，只是我們永遠不要過分地擔憂。

德蘭中心在寶山鄉，寶山鄉有好幾個肉販，他們都會輪流送肉到德蘭中心。這是他們的共識，有幾十年之久都是如此。現在國家經濟變好了，我常常看到有人送西瓜來，送麵包和蛋糕的人也相當之多。吳寶春也送麵包

來，我因此吃到過吳寶春的麵包。有些孩子說，吃了那種麵包，實在不想吃別的麵包了。也有一些人會送很多烤雞來。

德蘭中心使我知道台灣是一個有愛心的地方，很多人說台灣是個貪婪之島，這是絕對錯誤的。我每個週末去德蘭中心，都會看到有人送食物來，相當多的水果、蔬菜、麵包和蛋糕。有一次，有人送了一小卡車的魚來，這是因爲有一位工人替德蘭中心造教堂，知道了德蘭中心的事情。他的哥哥是魚販，他就說服了他的哥哥，送了一小卡車的魚來。虧得那時候德蘭中心的廚房已經有很好的冷凍設備，所以可以存放這些魚。

我在德蘭中心教了很多孩子，當然他們都記得我。我非常感激德蘭中心，因爲德蘭中心使我對於整個社會有信心，後來我要辦博幼基金會，也是因爲我相信社會會幫助我們的。

33

去靜宜大學做校長

我是天主教徒，靜宜大學是天主教大學，所以我就被網羅去做了校長。靜宜大學是私立大學，我認爲我第一個任務就是要使得靜宜的學生受到良好的教育。要使大學生受好的教育，教授的數目絕對要多，所以我立刻宣布靜宜大學要增聘相當多的教授。各位不妨去看看，我是一九九四年擔任校長的，從那一年開始，靜宜大學的教授數目的確是在增加之中。

每一位教授一定要有一間研究室，這才能使教授可以安心準備功課和做研究。很多國立大學每一系的教授都在單獨的大樓裡，我當時發現，這對私立大學而言是奢侈品。因此，我就建造了全是研究室的大樓，同樣領域的教授還是聚在一起，但是這座大樓裡容納了不同領域的教授。每間研究室都配有冷氣。

我也大幅地增加了圖書館和電腦中心的經費，當時靜宜大學已經有理學院，我也保證理學院有足夠的經費購買研究和教學用的儀器和特用化學

品。

也許大家會問，這樣做會不會使經費出問題？很少人知道我是很會理財的人，因爲我們很多的改進，使得學生的報到率相當好，在學費方面，我們沒有問題，教育部給我們的補助也有增加，然而最重要的是學校的經費絕對不可以有任何的浪費。在此我要解釋，一般說來，學校經費的分配有兩種做法：1.Block budget，2.Line budget。容我在下面解釋經費分配方法的不同。

所謂Block budget，乃是將經費分給各個單位，各單位可以自由地使用這些經費，比方說，電機系也許要用經費購買儀器，中文系也許要利用經費購買圖書。校長不過問經費，可是這種方法有一嚴重缺點，那就是電機系永遠發現他們的經費是不夠的，而中文系可能發現他們的經費是用不完的。如果某一個系的經費用不完，這種情形會造成浪費。其實很多政府單位也有這

個問題，很多單位在年終都會大量採購，就是因爲經費可能有剩餘問題，而別的單位可能有經費不足的問題。

所謂Line budget，是指每一筆經費都是有指定任務的，每一個系都會請外校人士來演講，如果每週一次，每一系所能請的外校人數是可以估算出來的。校方應該訂出一個統一的付費標準，因此每一個系都會得到一筆經費，是專門用來請校外人士演講的。這筆經費也有一個代號，報帳時就用這個代號，如果到了學期結束，這筆經費沒有用完，校方可以將剩餘的經費收回，因此不會有浪費的現象。

各位可以想見，研究生畢業要給口試委員酬勞，也要給教授酬勞，我們因此規定每一位研究生所請的教授數目不能超過多少人。每一個系有多少研究生要畢業也是可以從電腦資訊知道的，所以這筆預算也就可以估算了。如果這個系有些研究生不能畢業，多餘的經費也就收回。

甚至連校長座車在高速公路上行駛所要付的過路費，都是有預算的。不怕大家知道，我這個校長會把過路費用完，校長有一個特權，可以小幅更改經費，這使得我的過路費沒有問題。但是我的司機實在覺得很麻煩，因爲每過一陣子他就要上網去報帳。

除此以外，我規定所有的採購要統一，比方說，各個系都要採購電腦、影印機等，這些設備都是由總務處集中採購，甚至於每一系的報紙，也是集中採購的。全校的清潔，也是總務處和一家公司議價，系主任都不用管這些事。集體採購使得學校有議價的能力，也使得學校的支出減少很多。

我感到非常高興的是，在我離開靜宜大學時，靜宜大學的校務基金有一筆不錯的現金，這使得靜宜大學一直可以在硬體上建造大樓和增加設備。

我在靜宜大學的任內，增加了一些大樓，也使得靜宜大學有一個中軸的景觀。這些建設都需要經費，如果經費管理得當，每一年還是會有剩餘

的。做校長的人一定要是一個俗不可耐的人，他一定要對經費的管理十分有興趣，不能只談教育的偉大理念。沒有經費，何來教育理念？

34

在暨南大學短暫的校長生涯——九二一事件的追憶

我是在一九九九年去暨南大學做校長的，可是大概只做了幾個月就發生了九二一事件。

九二一大地震發生的時候，我從夢中醒來，回想起來，還好我宿舍臥室裡的一個櫃子沒有倒下來，如果倒下來，一定壓在我身上，櫃子上的玻璃一定使我嚴重受傷。可是我發現客廳的電視掉在地上，好多燈也都倒在地上。我開車離開宿舍，發現很多同仁全家站在院子裡，誰也不敢再進屋子裡。

我開車到學生宿舍，令我很感動的是，幾乎所有的系主任和院長、教務長、學務長等，也去了學生宿舍。學生們倒還算鎮靜，他們還覺得蠻好玩的，可是有三位同學有輕微的受傷，需要包紮，我就開車送他們去埔里基督教醫院。我的目的也是要去看看埔里的情況，我印象最深的是，埔里基督教醫院的廣場上全是病患，醫生和護士忙成一團，我只能將學生留下，自己又

回學校。

我請警衛利用他們警察的特用通訊和外面聯絡，因爲所有的電話系統全部垮掉了。警衛告訴我，他們的系統也沒有了。事後我知道埔里的警察局受損非常嚴重，很多警察也因此喪生。

天快亮了，我決定在警衛室成立我的辦公室。我第一個決定就是同學由系主任帶領，到各個指定地集合，晚上也在那個指定的地方睡覺，因爲很多大樓的走廊還是可以讓學生們休息的。如果不如此做，家長來找孩子的時候，就完全沒有辦法了。

雖然電話系統不通，我們還是可以收聽收音機的廣播，我們知道政府有大官到埔里來，我請學務長高大威教授和他們見面，請求他們經由國防部的直升機，將食物送給我們。我們的操場絕對可以讓直升機降落，可惜的是，這件事情一直沒有發生。

總務處派人到埔里去尋找食物，運氣還不錯，他們找到了午飯和晚飯的一些食物。當時我們的福利社還可以提供一些麵包之類的東西，沒有一位同學搶購，他們如果購買吃的東西，也只買一份。

第二天，天還沒亮就有家長開車來了，他們告訴我，十四號公路已經通了。每一位家長都帶了好多食物和水來分送同學。我請每一位家長回去的時候，帶走其他的同學，愈多愈好。

埔里有幾家客運公司，總務處的同仁央求他們派幾輛公車來，這些公車也帶走了相當多的同學。當時，有很多男生是騎腳踏車回家的，離開的時候，他們也都會和我招手。

有一個大問題，暨大有很多僑生，他們沒有家長來接，可是就這麼巧，我們的同仁發現有國軍的幾輛卡車來救災，同仁立刻向他們解釋僑生的問題，我知道僑生到暨大以前曾經到北部的一所學校受訓，國軍的軍官立刻答

應運送僑生到台中，因爲他們不能上高速公路。我將所有的僑生送上卡車以後，再請一位教官陪同，由他帶僑生去台中火車站，然後搭火車到北部的那一所僑校。那一所僑校的校長知道一定會有暨大的僑生回來，所以他預先做了準備，讓他們可以有地方吃住。

當年的教務長是徐泓教授，他很快地到台大和他們商議。我們都知道台大是一間很大的學校，我們的學生人數很少，所以台大一定有能力讓暨大的學生在台大就讀。台大的陳維昭校長立刻答應了。

十月十三日暨大在台大恢復上課，當然在此以前有很多的事要做，最重要的是要恢復學校的網站，當時我們的電算中心主任是韓永祥教授，他在台大立刻架起了我們的網站，因此可以發布消息給所有的學生。這個網站的建立是相當重要的。

我們當時很擔心的是，和銀行來往的一個章不見了，會計室最後告訴我

章找到了。如果沒有這個章，那眞是不知道該怎麼辦。

要恢復在台大上課，總務處也還是要運送一批能夠用的傢俱北上，這是相當艱鉅的工作，但是總務長譚醒朝教授將這個工作完成了。台大將一個舊圖書館的一層樓借給我們使用。

台大允許我們的電機系學生使用他們的電機實驗室，化學系學生使用他們的化學實驗室。除了台大以外，我們還有學生在政大和師大上課。

重要的是，要恢復暨大的校舍。當時的圖書館館長是吳偉特教授，他是土木系的教授，根據他的觀察，所有大樓的主體結構都沒有受損，但是所有的教室都不能使用了。我請總務處找到了所有當年設計大樓的建築師事務所，因爲只有他們留有設計圖。我也決定請這些建築師事務所勘查所有的災情，決定如何修復校舍。

修復的經費來自教育部，當年的楊朝祥部長很慷慨地給暨大一筆錢，紅

十字會也給暨大相當大一筆錢，暨大本身也還有一些錢。修復的工程需要招標，我們的招標完全依照國家的法令，在十一月三十日完成招標。經費也還算合理，對我來講，是鬆了一口氣。

順便提一件事，建築師事務所要到學校去勘查，他們的食宿問題都需事先解決，這也是總務處的工作。很重要的一件事是要恢復部分的電力和自來水系統，否則建築師事務所無法工作。

至於我本人，卻飽受一些人的攻擊，主要的罪行乃是我將學生送到了台大，而沒有將學生留下和埔里的災民一起救災。對於這些指控，我要說明如下：

1. 地震以後整個學校斷水斷電，學生無處上廁所，也沒有飯可吃，沒有地方可以住，當然也無法上課。總不能叫學生一直住在走廊上餓肚子。

2. 我是大學校長，我沒有權利強迫學生留在這種情況的學校裡，這是

任何台灣的大學校長所做不到的事。

3. 我是大學校長，我最重要的任務乃是不要使學生的教育受到影響。因爲立法院的立法委員顯然對我極爲不滿，一次聽證以後，我打電話給我太太，告訴她我要辭職，我太太滿口同意，但是同仁都不同意。我認爲校長不能連累學校，如果我繼續做下去，一定對暨大不利，但是楊部長勸我好好考慮，我當然也答應了。不過我在十一月三十日正式離職，徐泓教務長成爲代理校長。

雖然被立法委員趕下台，一般老百姓對我似乎沒有惡感，反而有好感。有一次在台北，我被一位賣襯衫的人抓到了，硬要送我兩件襯衫。我最後付了一件襯衫的錢。好幾家麵店的老闆會免費招待我吃麵。也有兩次計程車司機不要收我的錢，當然我仍然留下了錢。

隔年的二月二十二日暨南大學在埔里復校。對學生而言，他們的學業

沒有受到什麼影響。我辭職的時候，很多朋友勸我不妨就回到清大來做教授，我堅持不肯，我既然已是暨大的一員，就會留在暨大。一直到二〇〇八年才退休。

我在此要感謝當年的所有同仁，他們使得暨大的學生不因大地震而中斷學業。每一位同仁都盡了最大的努力，包含工友在內。我也必須要說，我們的同仁不僅認眞，也都非常能幹，能夠和台大在幾天內就取得協議，不是簡單的事；能夠使網站恢復，不是簡單的事；能夠使學校的同仁可以在台大有桌椅，恢復上班，不是容易的事；能夠完成校舍復建的策劃，不是簡單的事；能夠完成合法的工程招標，不是簡單的事；能夠完成恢復重建工作，不是簡單的事。

我要在此感謝當年的教育部楊朝祥部長和台大陳維昭校長。

我也要感謝當年將我趕下台的立法委員們，他們使我從此恢復教授的身

分，我因此學會了有關DNA的一些玩意兒，也居然寫出了外國出版社出版的通訊教科書和演算法教科書，也讓我懂得一些analog circuit的學問。如果我仍然是校長的話，絕對不會有這些結果。

回想起來，我唯一可以說的是，在任何災難發生的時候一定要鎮靜，同時在做決定的時候要顧到現實的狀況，不能有浪漫而不切實際的想法。

九二一事件以後，我在第二天中午去埔里鎮上兜了一圈，情況實在慘不堪言。很多人的房子牆壁完全不見了，在街上可以看到房子內部的傢俱。大賣場鐵門損壞了，可是我們應該感到驕傲的是，大賣場沒有人進去搶劫。這在美國，我確認搶劫一定會發生。

雖然地震如此強烈，全台灣沒有一座橋梁斷掉，高速公路也沒有受到損害，這表示我們國家的一些交通建設工程是相當不錯的。

在我卸任校長以前，曾經招待過一批專門從法國來的土木工程師。他們

知道震央在日月潭附近，而暨大也在那裡，但是所有大樓的主體都沒有受到損壞，他們專程來看我們的大樓，也詳細地問那些建造大樓的公司以及總務處監工的職員。最後的結論是對我們佩服不已，法國在台灣的很多公司都因此捐了錢給暨大。我希望大家知道，當年建造大樓的暨大校長是袁頌西校長。他當時的總務處團隊顯然是相當認眞的。

大地震造成一段時間的水管破裂，任何地區沒有自來水就談不上衛生，但也値得我們驕傲的是，九二一大地震沒有造成任何瘟疫。

暨大請外面的廠商來抽掉全校廁所裡所留下的穢物，因爲穢物的存在是很嚴重的，所幸有這種專門的公司可以做這種事。

還有一件事，暨大校園裡有相當多的白鷺鷥，在九二一的前一天，我注意到校園裡沒有任何白鷺鷥。地震以後，牠們又回來了。地震的時候，不知道牠們飛到哪裡去了。大家以後多多注意動物的行爲，牠們有時會感測到我

們人類感測不到的訊號。

希望大家知道，我們國家有很多好的地方，不要只記得我們的缺點。

35

一個暨大學生對九二一大地震的回憶

我曾經收到一封暨大學生的信，九二一地震時他是大二的資工系學生，他叫吳柏宏，現在已經有很好的工作，也有很好的家庭。他的回憶中，特別提到在短期內就可以上網選課，我認爲實在應該感謝當年的教務處和計算機中心。

以下是吳柏宏同學對九二一的追憶：

地震發生後，大家慌成一團逃到宿舍外面。雖然荒亂，但所有住宿的學生在逃至外面時，並沒有發生推擠受傷的意外。

現在回想起，當時的星空非常的明亮。原因是電力中斷，我們瞬間失去了所有的照明，僅剩下星空的光亮。

大家較爲鎮靜後，議論著是否可以回去宿舍休息，但學校很快的派人來確認大家的安全後，就跟所有同學告知，在未確定建築物是否安全前，請所

有的同學待在戶外安全的地方休息。

天還沒亮，學校進一步安排所有同學以系所爲單位集合，好在固定的地方休息，我們資工系被安排在操場上。

白天時，學校以系所爲單位發放食物，我有印象是當時的系學會會長看到我，便抓著我去張羅餐具。我們一路到了餐廳，發現餐廳門是鎖著。正犯愁時，發現福利社的老闆跟老闆娘正要鎖門離開，我跟學長急忙跑上去拜託他們讓我們買免洗餐具。老闆跟老闆娘當時應該是受學校所託，來學校幫忙整理福利社可以提供給學校使用的物資後，正要趕著回家。聽完我們拜託後，還是重新開了門讓我們去採買了免洗餐具（但我不記得有沒有付錢了，可能是學長付錢的）。

當時的餐點份量並不多，但每人都有拿到食物，加上驚魂未定，大概每個人也不至於太餓。尤其在這麼大的災難當下，人人平安又不用挨餓已是萬

幸。

我忘了再過了一晚還兩晚，在確認對外交通安全後，學校便安排學生回家。我是騎機車回家的，當時校長站在門口和我們揮別。

我回家第一件想到的事情就是這學期完了，不知何時才能復課，後續的寒暑假大概也都要拿來補課。我當時是大二生，我想著我還可能靠寒暑假補回這學期的課，但大四的學長姐就慘了。

當時是上學期，他們只有一個寒假可以緩衝，無論如何是補不上一學期的課，畢業的時間肯定要延後了。後續不管是要考研究所，或是就業，勢必都會大受影響。

但過沒多久，就收到學校通知，十月中我們要在台大復課。收到通知後，我連上教務系統去看，必修課已經排好，選修課也可以加退選了。

我住在台北，住宿沒有問題。但不住在台北的同學，就需要找房子租

了。我當時陪著系上的同學去找房子，學校找了崔媽媽基金會租房平台幫忙。當時使用崔媽媽基金會租房平台沒記錯的話，是要付一點費用才能拿到租屋資訊的，但若說是暨大學生的話，就完全不收費。同時間崔媽媽基金會也整理了清單，這份清單上有願意只出租一學期的房子/房東。我陪著同學看過幾間房子，後來也很快找到離台大很近的房子租。

暨大的各個單位很快的在台大各個角落回復運作，我記得資工系辦在國青中心，計中在台大的計中二樓。電腦教室及行政單位在舊總圖。

我還記得當時電腦教室的電腦都換了新的大螢幕，好像是因為電腦主機都沒有什麼狀況，還可以從暨大運過來使用，但螢幕很多都摔壞了無法使用。那時的新螢幕牌子沒記錯的話是瑞軒，依稀好像聽過是瑞軒的老闆是當時計中主任韓老師的同學，問了韓老師他有沒有地方可以幫的上忙。韓老師說了怕電腦教室的螢幕來不及招標採購，二話不說就捐了五十還一百台螢幕

給暨大。

圖書館的書好像是沒有搬過來，但我記得台大的新總圖有開放給暨大學生使用。

在台大寄讀的時間過得很快，當大家還搞不清楚下學期到底要不要在台大寄讀時，學校就來了另一個通知，下個學期回到暨大復課。

到台大寄讀出乎意料的快，回暨大也是出乎意料的快。

36

我如何寫出一本有關通訊的書

我念電機是幾十年前的事，曾經有一位校外的工程師來教我們有關通訊的技術，我完全聽不懂。校外的工程師當然不會刁難學生，所以我一直對通訊感到困惑。

暨大校長下台以後，我就沒有司機了。從新竹到埔里，路程不算近，我發現有兩位暨大教授都住在新竹，所以我們就共乘去埔里，大家輪流開車。這兩位教授都是學通訊的，所以在路上也常常無意中講一些有關通訊的事。我後來索性找了其中一位叫做邱茂清的教授，問他有關通訊的事。

當時暨大的林容杉教授和我很談得來，所以我、邱教授和林教授一起開始寫了一本有關通訊的書。通訊的書在坊間多得很，但多半是給電機系學生念的。我是資訊系的教授，發現電腦已經和通訊發生密切的關係，幾乎很少電腦是與世隔絕的。同時我又發現手機其實根本是一個電腦，有電腦相當多的功能，所以資訊系的學生應該學通訊。但是電機系的通訊教科書對於資訊

系同學來講，未免太囉嗦了一點，實在吃不消，我因此和那兩位教授決定了一些教材，我們認爲資訊系的學生如果能夠懂這些學問，也就夠了。

我舉一個例子，大家就懂爲什麼我要寫這本書了。對於資訊系的學生來說，他們所要傳播的都是一和〇。我們可以說一是一個脈波，〇就是沒有脈波。但是現在的傳輸不可能只傳一個人要傳的資訊，也就是說，同一個時間甲要送一，乙可能要送〇，那到底傳輸線上傳的是什麼？我相信很多資訊系的學生一定不知道答案，這是因爲通訊其實牽涉到很多analog的觀念。〇和一是一個抽象的數學符號，在實作時沒有眞正的〇和一，我本人雖然是資訊系教授，可是我是電機系出身，所以比較知道在實作時〇與一仍然要靠analog訊號達成的。

再舉一個例子，我們現在講究無線通訊，無線通訊的訊號一定是電磁波，但電磁波一定是正弦波，所以如何用正弦波來表示〇和一？這都是現代

通訊的一大學問，也是資訊系學生應該知道的事。

我們寫的書《Communications Engineering Essentials for Computer Scientists and Electrical Engineers》由John Wiley出版，在台灣，很少教授寫的書能夠由國外著名的出版商出版。我根本沒有學過通訊理論，完全靠那些通訊教授指點，使得我能夠寫出這本書。其實通訊與數學有很密切的關係，如果不懂數學，是不可能懂現代化通訊的。

我有點擔心我們國家的問題，教育部成天叫大學各個系都要減少必修課，很多大學也因爲發現學生的程度愈來愈差而樂得不再教理論的課，數學的分量當然也會減少。以通訊這個學問來講，我實在很擔心許多學生是無法進入眞正的通訊領域的。

37

我如何會對類比電路有興趣

所謂類比電路，其實是最基本的電子線路。現在的人常常強調數位化是很神氣的事，假如你設計了一個數位電路，裡面全是AND gate和OR gate等，半導體代工工廠是不懂這些數位電路的，他們懂的是由電晶體、電容等建造出來的線路，這種線路就是類比電路。所以我們可以簡單地說，類比電路是包含電晶體的電路。

大多數學生都只知道數位電路，數位電路所產生的訊號如下圖一所示。

圖一的脈衝是由類比電路產生的，產生一個好的脈衝並不容易，類比電路如果設計得不好，脈衝可能像圖二。

如果沒有類比電路，數位電路也就沒有了。還有一個重要的觀點，我們看電視，電視絕對不是只有黑白兩種顏

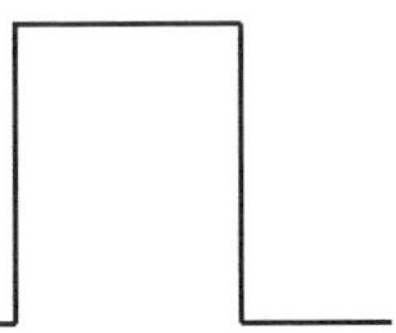

圖一

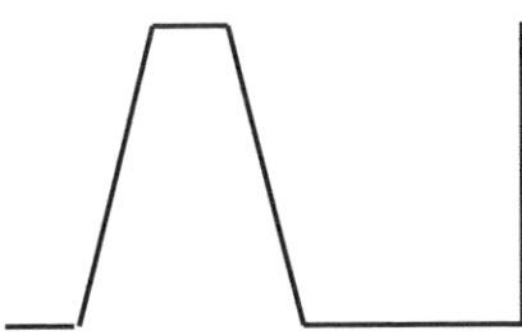

圖二

色，不但有很多顏色，還有各種亮度。電視也會有聲音，聲音的訊號當然不是○和一的訊號，而是所謂的類比訊號。如果沒有類比電路，只有數位電路，我們根本就沒有電視了。

相信大家都會將聲音放大，這要靠類比電路的放大器。但是放大器是極有學問的，先進國家的半導體公司可以推出上百種不同的放大器。舉一個例子來說，有一種放大器是雜音小到了極點，這種放大器只有極少數的公司做得出來。

我已經不碰電晶體長達五十多年了，在暨大碰到了一位電機系學生，叫做賴育瑄，他是一個很有趣的人，也很懂類比電路。他常常和我聊天，我就開始對類比電路極有興趣。我可以說，賴育瑄是我的類比電路啓蒙老師。

經過自修，我懂了很多類比電路，我也發現類比電路有模擬的軟體。當你設計好線路以後，可以跑那些模擬軟體。學校用的類比電路模擬軟體叫做

SPICE，我發現類比電路的有趣在於必須注意非常多的細節，只要某一個細節不對，線路就無效了。比方說，每一個電晶體一定有一個gate，gate上一定要有一個電壓，這個電壓就極有學問，高了不行，低了也不行。gate電壓又名偏壓，偏壓的選擇乃是工程師第一要做的事。電晶體一定要有負載，負載大了不行，小了也不行，厲害的工程師會知道如何選擇負載的。

我開始寫有關類比電路的講義，也開始教類比電路。我的教法和一般教科書上的教法完全不同，對於每一個線路，我都要做一個實驗，當然這個實驗是用模擬軟體做的，所以在我的講義上會附上那個模擬軟體的程式，這個程式就完全對應了我所設計的線路。這樣做有一個好處，表示我的線路是眞的有效的，並非紙上談兵。因爲很多教科書上的線路沒有提到偏壓的大小，也沒有提到負載的大小，對於工程師來講，他們不會知道這些參數的重要性。

不僅如此，因爲我的講義上有SPICE程式，任何人都可以修改線路，看看修改以後會有什麼結果。通常我在講義中介紹了一個線路以後，會修改這個線路五、六次，讓同學們知道修改以後的線路是好是壞。

我始終認爲好的電機工程師是要會設計線路的，而不是僅僅會做一些數學上的分析。因此，我的講義和教科書是完全不一樣的。在很多教科書上所介紹的線路，其實在功能上有它的限制，比方說，輸入的電壓不能太小也不能太大。這些限制在一般的教科書上都未提及，我相信這是因爲寫教科書的教授們沒有眞正的跑SPICE程式，所以他們根本不知道這種線路的限制。也就是說，這種線路在工業上，只能在特殊情況之下才能用。

有一次，我依照教科書設計了一個線路，也做了一些實驗，可是在上課前發現這個線路實在不夠好，一慌之下問了很多人，最後完全是靠一批年輕的工程師告訴我一些技巧。這些技巧使我能夠克服困難，使得輸出完全符合

要求。我從此以後知道我必須尊敬那些年輕工程師，他們都非常有經驗，這些經驗都是在書本上沒有的。我認識好幾位年輕工程師，他們會給我不同的建議，可是我發現這些建議都是根據同一個原理。我也很坦白地講，很多教授是不懂這些技巧的。

有一次我發現了一個困擾，對某一個線路而言，輸入不能太小，可是實際上輸入是可能非常小的。我立刻打電話問我的一位寶貝學生，他叫做范航宇，他立刻寄給我一個線路，也同時把SPICE程式寄給我。我做了一些實驗，發現他的線路果眞可以應付各種輸入。可是這個線路看上去極爲複雜，一開始我丈二金剛摸不著頭緒，還好我的助教很聰明，他看出一些端倪。我也很厲害，完全搞懂了。從此以後，我知道如何應付非常小和非常高輸入的問題。范航宇給我的線路，也是教科書上所沒有的。

我已經退休很久了，我一直對類比電路有興趣，運氣也很好，總有學生

幫我的忙。我現在的助手是電機系博士班的學生，他叫做侯冠維，我們兩人相依爲命，常常要努力地做出不容易懂的線路。侯冠維相當不錯，但是我也很厲害，前幾天，他告訴我他改了線路以後就出了問題，我看了問題以後，打電話告訴他根本沒有問題，是他忘了一些事情。可見得我腦筋還算清楚，沒有老年痴呆症。

更有趣的是，我和侯冠維努力地實現了一個線路，這個線路相當複雜，其中的原理很少人利用。根據我們搜尋文件的結果，沒有人將這個線路的原理講得很清楚，所以我的講義將這個線路的原理寫得非常清楚。這個原理也是很特別的，很少人注意到電容器有這個特別的功能。一位美國的工程師看到了我的講義，他說他從前用過這種線路，可是不知道原因，這次他懂了，而且也想出一個方法可以改善這個線路。他實驗的結果也的確如此，所以已經申請專利。

索。所謂探索，就是搞懂別人已經做出來的工業產品。比方說，我們知道有些公司做出來的馬達特別好，教授其實應該設法了解爲什麼有這麼好的馬達，也將它的原理講清楚。這不是創新，可是對教育下一代是非常有用的。

我們常常希望教授們能夠創新，其實教授也可以做一件事，那就是探

類比電路的教科書非常之多，可是大多數都不詳細，只給了一些方塊圖（block diagram），這使得學生只懂得一些抽象的理論而對實務缺乏了解和興趣。這有如我國的電機工程師只會使用別人設計好的積體電路（chip），而不知道積體電路內部的線路是如何的。在英文上，最底層的線路被稱爲low level線路，懂得low level線路的教授是最受尊敬的。可是在我國，大家不覺得low level線路有何價值。我是一位low level的教授，而且我以此爲榮。我認爲我能夠實現一個相當複雜的線路是一件值得驕傲的事。

但是，要能夠實現複雜的類比電路，教授們應該要和工業界聯絡，千萬不要以爲工業界需要教授指導。對於實作的事情，工業界的工程師要比教授厲害很多倍。我之所以能夠做出很多的線路，完全是因爲我認識一些比我年輕很多的工程師。沒有他們，我什麼都做不出來。

最後，希望大家知道，如果不會設計類比電路，就不可能有數位電路，也不可能有無線通訊，更不能看電視以及在網路聽音樂。歐美很多大公司都是以生產類比電路爲生的。我也要警告我們的國家，會設計類比電路的大學生在減少中。這一點原因很多，但這是一個很可怕的事實。

38

成立了博幼基金會

有一天，有一位善心人士來找我，他願意出錢幫助弱勢的孩子。我一直知道偏鄉孩子在功課上非常落後，雖然政府號稱有些計畫，可是很明顯沒有什麼效用，因此我就勸他捐一點錢來成立一個專門替弱勢孩子補習功課的基金會，這就是博幼基金會。

博幼基金會成立於二〇〇三年，現在有十七個中心，設立在宜蘭大同、新竹竹東、新竹橫山、新竹尖石前山、新竹尖石後山、台中沙鹿、南投埔里、南投國姓、南投信義陳有蘭、南投信義濁水、彰化、雲林四湖、嘉義阿里山及大埔、屏東潮州、澎湖馬公、台東海端、花蓮秀林。除此以外，還有很多公益團體和我們合作，學生人數在三千人左右。

我們收的學生必須來自低收入戶，而且功課也是落後的，大家一定已經注意到我們的孩子應該都是偏鄉的孩子。我們的教育從小學到國中三年級，每週一至週五放學後上課，補習的科目主要是英文和數學。我們現在有

兩百位左右的專任老師，四百位左右的兼任老師。

我們的教學有以下的特點：

1. 我們絕對因材施教。假如你是六年級的學生，而數學只有四年級的程度，你在博幼上的是四年級的數學課。我們有一個前測辦法，可以測出學生的學業程度，然後根據學生的學業程度來幫忙。

2. 我們也因材施考。以數學爲例，考卷有三份，A卷是最基本的，B卷難一點，C卷更加難。有些孩子的天分使他只能學會比較簡單的題目，我們就不再勉強他了。雖然他沒有考C卷，但是他至少通過了A卷和B卷，而且拿到了證明。這對孩子來說，已經很高興了，因爲這些學生在學校裡絕對不可能考及格的。

3. 我們有嚴格的品質管制。我們都知道，在半導體製程中有幾百道手續，每一道手續都不能有差錯。我們的品質管制就是根據這個原理，以一元

一次方程式爲例，學生起碼要先學會分數以及正負數的運算，所以我們會先檢查學生是否學會分數運算。如果這個沒有通過，我們不會再教下一個單元，因爲再教是沒有意義的。

英文更是如此，英文的你我他先要搞清楚，然後我是、你是、他是等，也要不能錯，我的、你的、他的，在英文上都要背清楚。英文文法還是有一個先後次序的，我們將英文文法分成很多小單元，學生一定要一步一步地通過這些單元的測試。

4. 我們利用統計來改進教學。每次考試將學生答錯的每一題都記錄下來，如果有很多同學答錯了，老師們就要開會檢討爲何會如此。我們從來不責怪學生不用功，學生沒有學會，一定是因爲老師沒有教好。因爲有這種機制，學生學得愈來愈好。

5. 善用網路教學。我們發展了五十五個網站，每個網站都提供學生在

英文和數學上的練習。以英文來講，包含閱讀材料以及各種文法的練習。以英文題庫爲例，這個題庫裡就有四十九個單元，其中前二十個單元如下：

第1章 Be 動詞
第2章 現在式
第3章 現在進行式
第4章 WH型問句
第5章 存在詞[there is/are]
第6章 過去式
第7章 未來式
第8章 助動詞
第9章 形容詞比較級+最高級
第10章 副詞
第11章 連綴/感官/使役/授予動詞
第12章 動名詞+不定詞
第13章 現在完成式
第14章 現在完成進行式
第15章 過去完成式
第16章 被動語氣
第17章 連接詞+過去習慣用語
第18章 現在分詞＋過去分詞
第19章 子句
第20章 過去進行式

恐怕很少學校將英文文法分成這麼多單元，點進任何一個單元，都會發現還有很多項目，比方說，現在式裡面就有肯定句、否定句和疑問句。單單

這一個網站裡的題目，就有一萬個左右。學生可以利用這些網站來自修。

數學也是如此，請看下圖。

- 四則第一章 正負數與其運算
- 四則第二章 分數的運算
- 四則第三章 指數與科學記號
- 四則第四章 平方根
- 四則第五章 比與比例
- 代數第一章 一元一次方程式
- 代數第二章 不等式(建構中)
- 代數第三章 二元一次聯立方程式
- 代數第四章 直角坐標與二元一次方程式
- 代數第五章 多項式
- 代數第六章 因式分解
- 代數第七章 一元二次方程式的解法
- 歷屆基測試題
- 代數應用題(建構中)
- 代數應用題列式

如果再點進第五章，會發現多項式裡有好多單元，而且是循序漸進的。

代數第五章 多項式
- 第01級 升降冪排列
- 第02級 同類項合併★
- 第03級 多項式加減★
- 第04級 單項式相乘
- 第05級 多項式相乘
- 第06級 單項式除法
- 第07級 多項式除法★
- 第08級 a(b±c)
- 第09級 (a±b)(c±d)
- 第10級 和的平方公式
- 第11級 差的平方公式
- 第12級 平方差公式
- 第13級 根號在乘法公式的運算

這個數學網站裡的題目，大約是二萬題左右。

6. 循序漸進的教材。對小孩子而言，教材必須循序漸進，不能一下子就教難的東西。這個觀念對數學最有用，數學裡每一個項目都有簡單的題目和難題。孩子們如果一開始學的都是簡單的題目，他就會覺得數學實在不難。每一個孩子的資質不同，有的孩子可以學到很難的地步，有的孩子可能

第一級	$x - 7 = 8$	第六級	$\frac{1}{3}(2x+1)=3$
第二級	$6x = 12$	第七級	$\frac{x+1}{3}=\frac{3x-1}{2}$
第三級	$-x + 3 = 8$	第八級	$\frac{1}{5}(x+1)-\frac{1}{2}(3x-\frac{1}{2})=6$
第四級	$\frac{3x}{4}=\frac{7}{2}$	第九級	$\frac{x}{5}=\frac{6}{15}$
第五級	$\frac{1}{4}x=\frac{1}{2}x-1$	第十級	$x - a = b$

只能淺嘗爲止。爲了使孩子不太害怕數學，我們的教材是絕對循序漸進的。

以一元一次方程式爲例，我們的教材將一元一次方程式分成十級，從最簡單的題目到相當難的題目。有些孩子只能學到第六級，我們也不勉強他們。

7.強調獎勵。我們國家並不是不強調鼓勵，但是被鼓勵的人都是功課前幾名的，功課不太好的同學永遠得不到鼓勵，這使得很多孩子對念書沒有興趣。博幼的做法是，只要學生有一點進步，就給他一紙證明。以下是數學和英文證明的範例。

也許大家會問，博幼眞的提高了偏鄉孩子的學業成就嗎？請看下面的數據：

全國百分之七十三點三同學英文拿B以上；博幼百分之七十七同學英文拿B以上。

全國百分之七十二點四同學數學拿B以上；博幼百分之七十九同學數學拿B以上。

從以上的資料可以看出博幼眞的幫助了偏鄉孩子，因爲我們的孩子全部是功課落後的，但居然能夠打敗全國的平均，這絕非易事。

請各位看很多偏鄉學校學生英文和數學會考拿B以上的比例

This is to certify that C. S. Pan(潘　　) has passed the 4th Grade(Lessons 13-20) English to Chinese Translation Test on November 4, 2010.

李家同

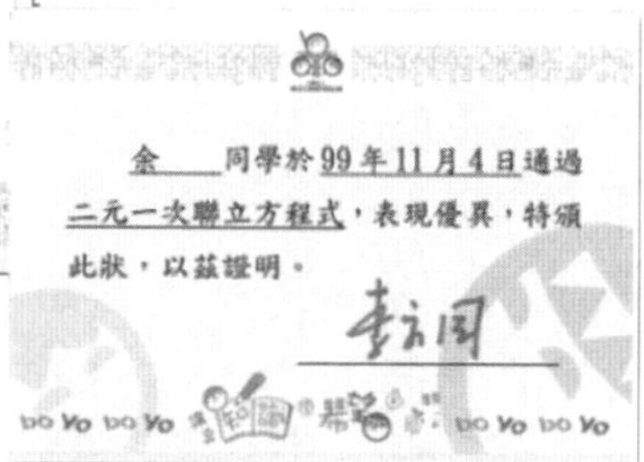
余　　同學於99年11月4日通過二元一次聯立方程式，表現優異，特頒此狀，以茲證明。

學校	全校英文拿B以上同學的比例	全校數學拿B以上同學的比例
A校	45%	23%
B校	45%	45%
C校	25%	18%
D校	37%	32%
E校	50%	58%
F校	40%	23%
G校	74%	64%
H校	24%	31%
I校	43%	26%

從以上的資料，大家更可以了解博幼的確是幫助了偏鄉的孩子。

博幼畢業生的薪資資料如下：

二十二歲：二萬九千一百五十四元；二十六歲：三萬一千四百零九元。

當初參加課輔時，家戶總所得平均僅二萬二百三十八元。

博幼基金會完全依靠善心人士的捐助，我們能夠有能力幫助偏鄉孩子，顯示國家社會認同博幼的做法，也顯示了台灣人民的慷慨。

39

工業與經濟的發展

我們國家不論誰執政，都說要拚經濟。但要如何拼，其實大家並沒有說出一個原則來。經濟好也不能完全看GDP，因爲希臘在破產時，GDP還是很高的。我認爲國家應該努力地使所有人的收入都能提高，問題是，爲什麼有些國家人民的收入高，有些國家人民的收入低？

歐洲農民的收入絕對高過台灣農民的收入，我國農民的收入又遠遠高過菲律賓農民的收入。這絕對不是因爲歐洲農民所種出來的高麗菜非常好，而菲律賓的高麗菜非常差，主要的原因還是在於歐洲國家的工業水準相當之高。目前G7（Great 7）國家中，有一個共同特色，那就是他們的工業都非常高級。再看歐洲，東歐國家比不上西歐國家，這完全是因爲東歐的工業水準比不上西歐，因此使人民最後的收入吃了大虧。

一個國家如果有很高級的工業，這種工業不但使得工業界的工作人員有好的收入，也會帶動很多其他服務業的成長。比方說，很多大科技公司都

需要非常講究的大樓，因此需要很多的清潔人員，他們的收入也就比較好了。現在以台灣很多的科技公司為例，他們的空間都有很好看的盆栽，盆栽絕對不是工友能夠照顧的，通常都外包給園藝公司，因此學園藝的人也就會有好的收入。當然一家科技公司需要很多的材料和零組件，所以也就帶動了很多小公司的成長，使很多人可以就業。

大工廠可以繳納很多稅金給政府，政府可以大肆建設，使國家有好的福利制度。北歐國家向來聲稱自己的人民從出生到死亡，政府都會幫助。這的確是如此，有很多北歐國家連棺材都是免費的。大家會羨慕這種高福利國家，當然有很多原因使這些國家有如此好的福利制度，但是最重要的乃是政府必須有好的收入，如果整個國家沒有好的工業，當然不可能有好的福利制度。

我注意到台灣的情形，台灣有很多工業園區，在工業園區工作的人，收

入都比較高。不僅如此，在工業園區周邊人的收入也就跟著提高。以新竹科學園區爲例，這裡的工程師收入多了，他們也肯花比較多的錢用餐，所以新竹的餐飲業也會得到好處。

如果國家將所有的工業園區都關閉，各位可以想像得到我們會變成什麼樣的國家。但是我們也應該承認，雖然有不錯的工業，我們仍然不能和先進國家相比。我的結論是，要使全國人民都有較高的收入，我們必須提高工業水準。因此，我在卸下大學校長的工作以後，就開始對如何提高工業水準有很大的興趣。我知道要提高國家的工業水準，不是靠呼口號可以解決，我們必須要知道爲什麼我們的工業比不上別人。

我發現我們國家對工業發展有一個迷思，那就是崇拜「高科技工業」，而高科技工業卻只包含了電子業，化工、機械等都不在內。朝野都非常看重半導體工業，其實以半導體製造而言，需要很多精密的儀器、感測器和特用

化學品。精密的儀器牽涉了機械、電機、化工等，半導體製造業非常需要感測器，感測器又牽涉到物理、化學等，所以我意識到高科技絕對不是只有電子業。

更令我擔憂的是，很多人提到高科技也會同時提到傳統工業，這是我最不贊成的。比方說，紡織業一直被認爲是傳統工業，甚至有人說是夕陽工業。但是人類不可能沒有紡織工業，我們可能沒有那種僱用大批工人做成衣的工廠，但是我們可以製造紡織機，而紡織機其實是相當不容易設計的，絕對是精密工業中的一種。

我也非常擔心我們國家不夠注意特用化學品，半導體製造的過程中，需要用到相當多的特用化學品，而這些特用化學品又是高規格的。比方說，在半導體製造過程中要用到酒精，這種酒精絕對不是普通的酒精，也不是普通工廠能夠製造出來的。

所以我一再地呼籲國人對於工業發展要有新的觀念，我和幾位教授一同建議政府發展工業基礎技術，在下一篇文章中，我會詳細地解釋這是怎麼一回事。

40

工業基礎技術計畫

我們過去的工廠，常常從外國買了很多設備，有了動力、工程師和工人以後，就可以開工了。這種工廠常常是所謂整廠輸入，而且是大家所俗稱的turnkey工業。意思是說，只要會啓動，就有產品生產。這種工業的問題乃是外國的機器可能日新月異，一旦外國的機器改進了，我們的工廠就成爲落伍的工廠。

先進國家之所以能夠有非常高級的工業產品，乃是因爲他們握有自己的關鍵性技術。比方說，我們可以利用別人發展的電子線路，可是不會自己設計電子線路。因此，我們絕對不可能有好的電子儀器。同樣地，我們也必須要能夠設計機械，否則我們就永遠用別人的機械。

很多人成天講要有創意，但是沒有基本的能力，何來創意？成天講創意乃是打高空，先進國家當然是有創意的，可是因爲他們有基礎的能力，所以他們可以將創意實現。

舉一個簡單的例子，當年Turing向英國政府提議製造偵測密碼的機器，其實當時Turing所製造的是一架電腦，Turing當然充滿創意，可是要造出這部電腦，需要對數學很了解，對電子和機械更加要了解。當時英國負責製造這架電腦的是郵政局，如果Turing是中國人，在抗戰時期向中國政府提出這個計畫，中國有能力製造嗎？從這個故事，我們應該知道有創意是不夠的，絕對應該要把握住工業上的基礎技術。

我和清大的萬其超教授（化工）、宋震國教授（動力機械）和吳誠文教授（電機）合作向政府提出一個建議，那就是發展工業基礎技術的計畫。顧名思義，這絕對不是打高空的計畫，而是厚植國力，往下扎根。

這個計畫中要發展很多技術，我只能舉幾個例子。有一個技術叫做混合分散，假設液體中有很多粉粒，我們希望這些粉粒都不會成坨，因爲一旦成坨，這些粉粒就會下沉。銀膠就是這樣的例子，銀膠的用途是導電，如果

成坨，銀很重的，一定下沉，銀膠就會變成有一部分沒有導電效應，這種銀膠是沒有用的。所謂混合分散，乃是讓銀的粉粒互相保持一個距離，不會碰到。這種技術相當不容易的，幾乎很多材料的製造都需要用到這種技術，工業基礎技術計畫中就強調了這種技術。

很多的電子實驗室都需要示波器，在過去，我國無法做到比較高頻率的示波器，其原因乃是我們不會製作關鍵性的高頻晶片。低頻晶片是買得到的，高頻晶片往往是外國廠商設計以後給自己用的，很多國家的政府也不願意釋出這種高級晶片，所以我們的公司一直無法發展出比較高級的示波器。工業基礎技術計畫使得我國有比較高頻率的晶片，就能做出比較高級的示波器。

工業基礎技術計畫帶動了一種風潮，那就是我們應該注意最基本的技術。過去我們對於銲接不太理會，總認爲銲接沒有什麼了不起的。所有學

過電機的人都用過銲槍，可是如果我們要做到無縫銲接，那就相當不容易了。無縫銲接一個最大的應用是銲接眞空管和外面的零組件，如果銲接時有一點細微的縫，空氣就會進入眞空管，事情就鬧大了。自從我們提倡工業基礎技術計畫，大家開始注意銲接的重要性。

研磨也是一個例子，小學生做勞作時要學會用砂紙使木頭變光滑，這種工作就是研磨。半導體的晶圓永遠非常光亮，這當然是由研磨技術做出來的。研磨技術相當複雜，研磨液就有很多學問。研磨液裡的粒子也很多學問，不同的材料要使用不同的研磨液。研磨液使用一段時間以後，裡面的粒子會變小，如果所有的粒子都變得太小，這種研磨液就沒有用了。因此，我們又要有方法測量研磨液裡粒子的大小。研磨也是一種工業上常用的基礎技術。

工業基礎技術計畫的最重要貢獻乃是使得工程師會虔心研究技術的原

理，比方說，有一種製造薄膜的儀器，這個儀器內部有一個噴嘴，這個噴嘴會噴出氣體。一談到氣體，就會注意到很多參數，如氣體的濃度、溫度、壓力等，不同的氣體要使用不同的參數。值得高興的是，很多工程師可以利用軟體以及物理和化學的學問來預測各種參數。這使得我們國家的工業水準更上一層樓。在過去，如果我們要做一個新的材料，就要花很久的時間做實驗，才能得到恰當的參數。現在有了這種軟體，得到恰當參數的時間大爲縮短，這都是因爲工程師已經不是所謂的維護工程師，而是能夠知道很多基礎的學問。這種基礎的學問在過去是不受重視的。

工業基礎技術計畫是一個不起眼的計畫，裡面所要發展的技術往往是大家耳熟能詳的技術。我們過去當然也有這種技術，但往往不能將這種技術做到非常好的程度。就以電子線路設計而言，我們可以設計很多電子線路，但是要談到高規格的電子線路，我們的能力就有限了。很幸運的是，當時的政

府能夠了解基礎技術的重要性。我本人也相信很多工程師都有這種覺醒，他們都會設法將基本技術做得非常之好。我和那幾位教授應該對國家是有所貢獻的。

41

爲台灣加油打氣

我發現我們的社會有一個問題，那就是很少人知道我國工業界做研究的情形。大多數人對工業界的興趣是看哪一家公司的股票上漲與否，至於這家公司有沒有做很好的研究，往往很少人提及，但是對於中國的進步情形卻報導得很多，我認爲這種情形很不可取。因爲我接觸很多公司，知道他們的水準已經相當不錯了，我有絕對的義務，替他們加油打氣。到目前爲止，我已經寫了二百多篇文章，設法介紹我國工程師在做什麼。

我當然無法在此介紹所有的文章，但是各位可以在以下的網站中找到這些文章：

http://rctlee.cyberhood.net.tw/rctlee/Industry

我在此介紹一個研究，這個研究是有關殘餘應力的問題。假設做了一個非常圓的球，在球還是新的時候，球的圓度是非常正確的，可是這個球裡可能有殘餘應力，時間一長，這個應力就會使得球變形。當然這種變形的程度

是相當小的，可是如果這個球是用在精密的儀器上，即使些微的變形，都是嚴重的問題，所以我曾經介紹過工程師如何偵測殘餘應力存在與否。

我也介紹了一種紡織機，這種紡織機所做出來的布被稱為不織布。不織布有點像鳥巢，鳥巢是由很多小樹枝組成，樹枝看起來相當混亂，但是鳥巢卻有很好的結構和性能。不織布裡面的紡紗也是很短的，看上去很混亂，但是有很多的用途。這次冠狀病毒疫情需要由不織布製成的口罩，虧得我們國家有這種不織布的技術，使得我們的口罩能夠很順利地製造出來。

我的文章也介紹了電暈技術，所謂電暈技術是使絕緣體上分布了電荷。這種技術用在雷射印表機，也用在製作口罩上，因為口罩的布上有了電荷，就會吸引病毒。電暈技術可以應用在不同的情況，應用情況不同，電暈技術也就不同。很多電機工程師都對電暈技術感到非常有趣，因為要使電荷附著在絕緣體上還牽涉了機械和化學。

我發現我國有公司專門做紡織業所需要的特用化學品，這種特用化學品的製作是相當專業的，因為他們用全副精力做這一行的工作，使他們在全世界有一定的地位。我也注意到紡織機不是專門製作布的，台灣的紡織機往往被用來製作工業用的材料，很多外國的企業需要一種由紡織機做出來的特別材料，但是這些國家已經沒有紡織工業，反而要在台灣訂做特別的紡織機。

很少人知道我國有一些工程師專精於光學，他們會利用光學的原理，設計出很多檢測的設備。比方說，在工具機裡，我們希望一根桿子到達某一個特定位置以後就不再行動。這種設備叫做光學尺，光學尺是現代工具機裡必定有的，我國也有公司在製造這種非常精密的設備。還有一種利用光學檢測的設備，叫做光編碼。假設一個馬達在旋轉，要知道馬達旋轉的角度，這種設備也是利用光學，台灣已經有公司在製造這種設備。

機械業常常需要一種零組件，叫做螺桿，螺桿的作用就是讓一個載體在直線上行動。我發現螺桿有兩種，滾珠螺桿和行星螺桿，兩者都有其特別功能，也都非常不容易製作。在過去，這都是先進國家才有的技術，這些技術都是我們工程師花了很久時間才磨練出來的。

我在大學時學過濾波器，我只知道濾波器可以用電容和電感來製作。我沒有想到台灣有一種表面波濾波器，這種濾波器是根據壓電效應的，也和半導體工業有關。當我寫出文章介紹這種設備時，很多電機工程師都對我們國家有了新的看法。

我一直知道石英在電機裡是很重要的，可是我並沒有搞清楚石英的功能為何。很幸運的是，我參觀了一家專門製作石英的工廠，不僅弄清楚了石英的功能，也知道了石英製作的過程。石英要能提供一個特定的頻率，我敢說，我是台灣第一個能夠解釋為何石英可以如此精確提供特定頻率的人。

我又發現一件事，我們的農業已經相當先進了。我介紹了畜禽品種選擇的先進技術。在過去，一頭牛的品種究竟好不好，恐怕只能看這頭牛的模樣，現在我們的農業界可以用相當科學的方法分析牛細胞裡的各種參數，這種做法當然比較客觀。

我和農業界接觸時，發現農業界在推廣黑水虻，黑水虻是一種昆蟲，牠會吃畜禽糞便，也會吃廚餘。有趣的是，牠們吃了以後會排泄出一種虻肥，虻肥可以用來做肥料。麻煩的是，如何培養黑水虻。我們的農業專家花了很多時間找出適合黑水虻生長的環境。

很多昆蟲在受到生命威脅的時候會產生一種蛋白質，這種蛋白質有抗菌的效應，在生命科學中，這種蛋白質叫做抗菌胜肽。抗菌胜肽可以破壞細菌，導致細菌死亡。如果動物吃的飼料中含有這類胜肽，有機會對抗腸道中的壞菌，可以活得比較好。我們國家的生命科學家發現，可以用蠶產生抗菌

胜肽。產生的方法無非就是使蠶感到某種威脅，威脅的方法有很多種，最後所得到的蛹就會含有抗菌胜肽。要證明這種蛹有抗細菌的效果，可以將蠶蛹的體液放在細菌的培養液中與細菌共同培養，其結果是，發現細菌生長的機能大爲減低。也就是說，這種蛹是有抗菌效果的。到目前爲止，我們的科學家發現牠們所製造出來的抗菌胜肽可以抑制金黃色葡萄球菌和木糖葡萄球菌，這些細菌對於動物都是非常不好的。下一步的研究乃是將蛹混合在雞的飼料中，這種做法的最大好處就是雞所吃到的飼料完全仍是自然的。我們不必害怕雞肉中會含有抗生素。

很少人知道我們台灣有很多的生命科學家在做各種的研究，他們最大的貢獻往往是利用大自然，也就是說，他們希望國家儘量少用藥，因爲藥物多少總會有不良的副作用。我很幸運，知道農業界有很多非常有學問的專家，他們的研究不僅有趣，也都有實用價值。

我總認爲我們國家有很多科技人員在默默地工作，他們的工作往往不夠耀眼，所以不太受到重視。可是每次我寫了替台灣加油打氣的文章以後，很多人才知道我們國家的眞實情況，很多住在海外的人也很驚訝自己國家的科技已經是很進步的。

42

精密工程學會

我國過去常常提到高科技，這是我不太贊同的，我認爲我們國家應該走向精密工業。所謂精密工業，就是產品屬於高規格的。理由很簡單，如果我們的產品是普通的，在價格上絕對比不過中國或者東南亞。精密工業的產品當然都是不容易做出來的，但是這種產品才是眞正有高附加價值的，所以我就和幾位科技界人士發起，成立了精密工程學會。

日本在一九三六年就成立了精密工程學會，當時和我一起努力成立精密工程學會的是當年的工研院張所鋐副院長，現在的理事長是工研院機械所胡竹生所長。我很汗顏的是，擔任了這個學會的第一屆理事長，但是我只做了兩年就辭職了，因爲我知道自己實在不懂精密工業，僅僅是知道精密工業的重要性而已。

現在精密工程學會已經有相當多的會員參加，而且每年都有一次年會，有很多人發表論文，都是和精密工業有關的。

先進國家都有精密工業，我國有相當不錯的半導體製造工業，技術非常先進的半導體製造工廠需要很多的儀器，而這些儀器都是精密的，也幾乎都是歐美日才能製造。美國和日本在這方面做得最好，荷蘭的ASML也有一種半導體製造時用的儀器，價值三十億台幣之多，這應該是全世界最貴的設備了。

我們不妨看看醫院裡的設備，這些檢驗設備也都是歐美日製造的，德國製造的特別多。MRI、CT等，往往都要向德國採購。

G7國家中，有五個國家對中國的貿易是逆差，也就是說，他們向中國購買的貨品價值超過賣給中國的貨品價值，但是德國和日本卻相反，他們都是對中國順差。顯然是因爲這兩個國家有非常好的工業產品，使得中國非向他們採購不可。

有一陣子韓國和日本因爲慰安婦事件鬧得很不愉快，日本宣布對韓國禁

運三種特用化學品。這三種特用化學品都是用在半導體製造上，當然韓國可以向其他國家購買，但是韓國仍然希望能夠買到日本所生產的。這又是一個精密工業重要性的例子。

至於我們國家，當然在精密工業上不能和先進國家相比，但我們也在往精密工業的目標邁進。比方說，我們有量測電流的儀器，電流小到一千兆分之一安培，這個儀器仍然測量得到。我們也有一種利用光來測量距離的設備，微弱到一兆分之一瓦的光，這個設備也可以測量得到。在全世界，這都是少有的。

我們也有可以產生奈米級粉粒的設備，一奈米等於十億分之一米，困難之處在於這些粉粒不會結坨，互相保持距離。

我們現在都用顯示器，很多顯示器的解析度有1920×3(RGB)×1080個像素，每一個像素可以想成一個小點，每一個小點背後都有一個微

小的線路。這個線路絕對不能有任何差錯，如果有短路的現象，顯示器上就永遠會有一個亮點，如果有斷路，顯示器上會永遠有黑點。我們國家已經有一種設備，可以在九十秒內完成四千八百萬個電路的檢查，而且可以修復，這是相當不容易的。

我也要介紹國家自製的點膠機，膠絕對要從一個很小的細孔滴出，細孔的直徑小於一百萬分之一米。這個點膠機可以在一秒鐘內滴出兩千滴膠，同一個位置至少會滴六百滴，每二滴膠的位置誤差不能大於十萬分之一米。這也算是相當精密的儀器了。

最後，希望大家知道我國是能製造電子顯微鏡的，電子顯微鏡比光的顯微鏡要更加精確，解析度可以辨別100nm（1nm等於十億分之一米），現在我們可以進步到20nm。電子顯微鏡是一個非常精密的儀器，要產生一個相當細的電子束，牽涉到電磁學。

要知道，我國的精密工業都絕對擁有關鍵性技術，這不是買外國儀器所能達成的。很多技術的研發時間長達十年，因爲在實驗室裡所做出來的儀器，還是要經過很多的改進，才能提供給工業界使用。至少我們已經有很多工程師在從事精密工業的發展，我因此也對我國的工程師感到驕傲，更希望大家給予他們掌聲和鼓勵。

43

演算法與計算理論學會

清華大學從前只有一部主機電腦，這部電腦半個月會當機一次。有一位同學告訴我，他所寫的程式從來沒有跑完，因爲過一陣子就當機了。我發現他所要解的是minimal spanning tree問題，請看圖一。

圖一顯示有三個城市，我們要將這三個城市連起來，使得三個城市裡的人可以互通訊息。但是我們又不希望這三個城市連起來以後，中間有一個迴路如圖二所示。

圖三的連法都是可以的，每一個連法都是一個tree，其中(a)的tree是最短的，我們稱之爲minimal spanning tree。

所謂minimal spanning tree就是在已知的城市中，我們要找一個最短的方法將城市連起來而中間沒有任何迴路。如果有很多城市如圖四，我們要如何找到這個minimal spanning tree？最直接了當的方法是窮舉法，也就是說，我們寫一個

圖一

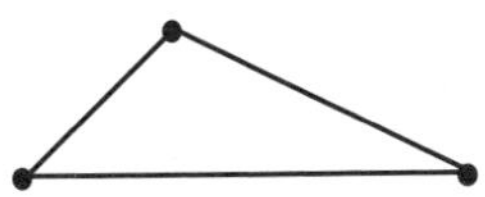

圖二

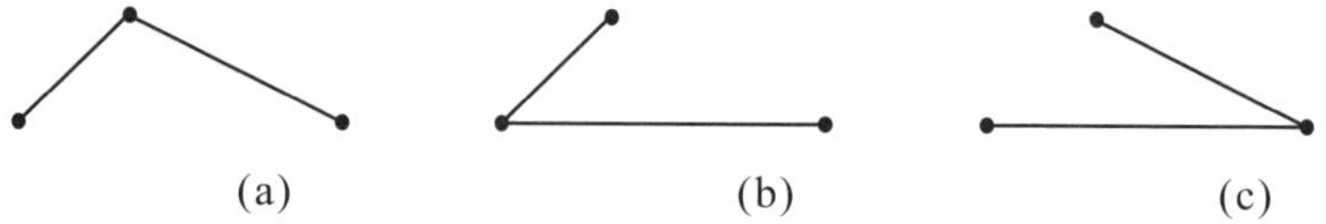

圖三

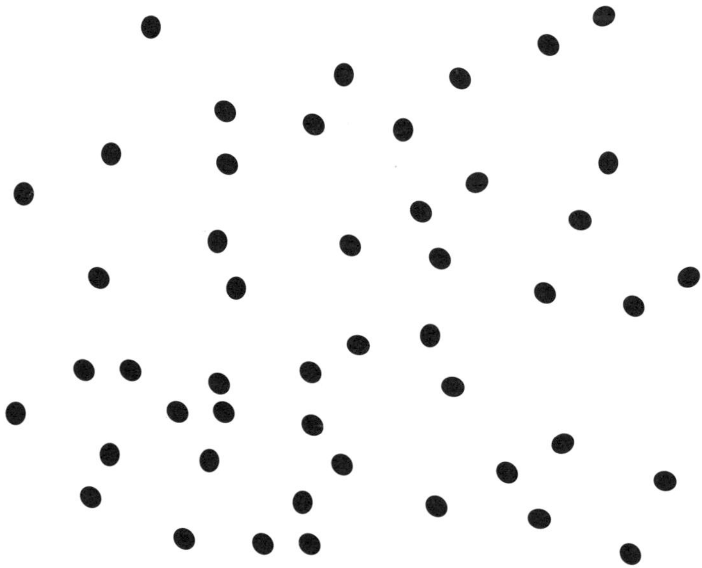

圖四

程式，設法找出所有的spanning tree。如果有 n個城市，spanning tree的數目會相當多。當年那位同學就是採用這種方法，可以想見這個spanning tree的數目幾乎是天文數字。難怪那位同學一直找不到結果。

但是也有聰明的方法，歷史上有好幾位數學家建議好的演算法。好的演算法絕對不會用窮舉式，可以大幅縮短程式執行的時間。我在此告訴各位一個實驗的結果，當n=11，窮舉法在一部個人電腦上所需要的時間是一百七十秒，而聰明的演算法所需要的時間是零點零零零零五秒。也就是說，如果用聰明的演算法，所得到答案的速度是三千四百萬倍。從這個例子可以看出演算法的重要性。

目前工業上所用的電腦希望是省電的電腦，所謂省電，速度一定會比較慢。在這種情況之下，我們更應該重視演算法。很快速的電腦比較耗電，而且價格較高。如果演算法不好，不論硬體快到什麼程度，都不如用一部比較

差勁的電腦，但是裡面的演算法是非常聰明的。

我一直對演算法有很大的興趣，也寫了一本有關演算法的教科書《Introduction to the Design and Analysis of Algorithm, A STRATETIC APPROACH》，由McGraw Hill公司出版。我也創立了演算法與計算理論學會，會員不算太多，因爲政府並不太重視演算法，這是很可惜的事。

演算法和數學有很大的關係，所以這個學會裡有很多會員是數學系教授。值得大家關心的是，整個國家的大學生在數學上的水準並沒有提升，而且有往下降的現象，這使得我們非常擔心。

我曾經接觸過一位來自印度的資訊系大學生，他在演算法方面的功力使我大吃一驚。他可以很快地看懂相當艱深的演算法論文，也有創意。他之所以能夠很容易地搞懂演算法，乃是因爲他的數學程度相當之高。雖然演算法不是受到政府重視的學門，可是有很多教授仍然默默地做演算法的研究，而且也能在著名的學術刊物中發表論文。這種精神是相當值得我們敬佩的。

44

談教改

談到教改，我只能嘆一口氣，因爲教改已經很多年了，我實在不知道教改對我國的教育有什麼好處。讓我逐項地討論。

1. 廣設大學

教改的結果是廣設大學，在過去，我們有很多專科學校，教改幾乎廢止了所有的專科學校。從前的台北工專和高雄工專都是相當好的學校，培養了很多優秀的人才。不知何故，教改要將專科學校升格爲技術學院，技術學院要升格爲科技大學。以工業來講，國家不可能完全靠工程師的，很多工作要靠技術人員來完成。這應該是全世界都知道的，但是我們的教改使得全國找不到技術學院和專科學校了。

廣設大學的結果也使得我國大學生的程度大幅度地下降，在過去，進大學是一件不容易的事，現在人人可進大學。這個問題是相當嚴重的，因爲高

中生發現自己不用功，也可以成爲大學生，當然他在高中時期就不會認眞念書了。

2.有考試的免試升學制度

當初教育部提出免試升學的制度，很多國內的教授們同聲讚好。這些教授絕大多數都是留學美國的，他們認爲美國學生不需要參加什麼考試就可以進入高中，所以他們是贊成免試升學的。沒有想到的是，免試升學仍然要考試，這個考試叫做「會考」。當初提出免試升學的理由是要減輕孩子們的功課壓力，但是有了會考，壓力怎麼會減輕？不僅如此，在宣布會考時，教育部立刻又同時宣布，會考中有英文聽力的測驗。試問，孩子的升學壓力減輕了沒有？

直到現在，每次夏天就會提到免試升學，然後又會同時公布有關會考的

所有資料。從這件事就可以看出教改的荒唐。免稅就應該是不用繳稅，免稅而又要繳稅，怎麼樣也是個大笑話。奇怪的是，國人對於教改，通常是不敢批評的。因爲提倡教改的人都是有學問的人，而且是先進分子。反對教改的人一定是守舊分子，所以很少人敢出來勇敢地反對教改。

3. 新的免試升學制度廢止了原來眞正的免試升學

很少人知道，在國家實施會考以前，國中升高中的考試叫做基本學力測驗。但是有相當多的國中畢業生可以直升高中職，這些高中職多半是社區高中職，他們不和城市裡的高中職競爭，學生的來源大多數是當地的國中畢業生。因此這些高中職就辦了眞正的免試升學，只要學生在國中的成績還不錯，這些學校就會接受。這種制度行之多年，以博幼基金會來說，過去百分之七十的國中畢業生都是經由免試升學進入高中職的，這顯示他們在學校的

表現還是可以的。

在教育部推出他們的免試升學時，有一個口號，那就是「不要讓所有的孩子都和想進建中的學生拼」。顯然的，教育部官員認爲全國有很多學生沒有能力進建中，但又想進建中。這是完全錯誤的，如果這些官員眞正到偏鄉地區就會發現那裡的孩子很少想要進明星學校。他們如果能夠進到附近的學校，就已經很高興了。因爲他們是鄉下的孩子，如果進了城裡的學校勢必要住校，可是在經濟上是做不到的，所以教育部官員一開始就想錯了，他們根本不知道眞相。

最好笑的是，他們消滅了眞正的免試升學，而又自稱他們的制度是免試升學，其實他們的免試升學是要考試的。

4. 免試升學制度所造成的困擾

免試升學不僅要看學生的會考成績，還要看學生的在校成績，也要看學生在國中是否擔任幹部、志工服務等表現。在校成績是很不公平的，因爲A校的第一名可能在學業程度上低於B校的最後一名，可是A校的第一名卻拿到了較高的分數。至於學生是否擔任幹部、參加社團，我最不同意，因爲有些學生非常內向，屬於書呆子型，在全世界的傑出數學家中，多半是這種人物。他們不喜歡參加社團，也不喜歡擔任幹部，爲什麼我們要處罰他們？難道我們希望人人都是傑出的業務員嗎？至於志工服務，更加無聊，因爲這全是假的。有些學生找不到地方做志工，學校會安排他們去掃地，這也算是志工服務了。

絕大多數的學生在校成績那部分都差不多的，班長、副班長等幹部，大

家輪流做，社團隨便參加一個，最後還是由會考成績來決定。總而言之，教育部想出很多花樣，除了徒增困擾以外，沒有任何好處。

5. 大學甄試入學只能填六個志願

教改使得多數學生要靠甄試入學，甄試也是要經過考試的，這個考試叫做學科能力測驗。考完以後，學生可以根據考試成績填志願，但是只能填六個志願。這簡直猶如賭馬，如果學生想進某一個大學的某一系，必須考慮到別的同學大概也會想進這個系，因爲只能填六個志願，必須要謹愼地考慮。如果是最頂尖的學生，不會有什麼問題，如果是考得非常不好的學生，塡志願時也無所謂。但是中間的學生問題就很大了，最理想的情況是你知道某一個系是相當好的，但是其他人都不知道，塡了這個系就會上。但是這是很不可能的，所以很多考生會根據去年的資料來塡志願，他也許會發現

某某大學的某一個系去年不吃香，但其實這個系是很實在的，所以他就會填這個志願。可是其他考生也都會發現，因此去年冷門的系，今年變成熱門，他又倒楣了。

這種制度放至全世界也恐怕是絕無僅有的，很少國家會規定學生不可以申請六個以上的系。

6. 大學甄試對大學所造成的困擾

因爲一位考生只能填六個系，所以他們都會準備一些比較穩當的系，這種系不是最熱門的，被錄取的機會當然也就比較大。可是考生填這個志願時心術不正，因爲他是將這個系列爲以備不需之用，如果他被比較好的系錄取了，他是不會來這個系報到的，所以很多的系發現搞了半天只有極少數的學生報到。也就是說，每個系在審查考生資料時，最好能先判斷這個考生會不

會來念。如果判斷他來念的機會非常之小，實在不該錄取他。比方說，有一個不有名的系發現某位填它爲志願的考生考得不錯，就會懷疑他不誠懇，反而因此不錄取他。這眞是叫做爾虞我詐。我們不能責怪大學會如此做，因爲的確很多考生填了志願是不來報到的。

7. 甄試對偏鄉孩子所引起的問題

甄試要口試的，問題是，偏鄉孩子如果要去大城市口試，要坐火車或高鐵。如果口試在早上，恐怕還要住旅館。交通費常常會高達一千元，來回要兩千元。住宿費起碼上千，報名費又是上千，至少一位考生要花費五千元，六個志願可能要花到三萬元。對很多偏鄉孩子而言，這是很困難的。當初教改人士是想幫助這些偏鄉孩子的，但是他們的做法絕對對偏鄉孩子是極爲不利的，如果是聯招，只要付報名費就可以了。

8. 甄試的備審資料

教育部規定甄試除了要參加學測以外，還要準備一份備審資料。很多考生的備審資料極爲精美，因爲這是有專人替他們設計製作的。備審資料中最好有一些特別之處，比方說，你會寫程式，或者你做了什麼實驗、組裝機器人等，這些資料都會對你有利。如果你的父母知識水準非常高，你的父親可能教你寫程式，也可能教你做一個很有趣的生物實驗，當然也可能教你如何組裝一個機械。凡此種種，弱勢的孩子都是不可能做到的。

有一位大學校長請考生思考三個問題來完成自傳。問題包括：一、對您而言，什麼是有意義的、爲什麼；二、您最專長的能力是什麼，您是如何培養及發展這項能力；三、請分享一個您曾正面影響他人、解決衝突或對團體有貢獻的活動或經驗。

我如果是考生，實在不知如何回答這三個問題。我現在已經八十二歲，應該不是一個在社會上失敗的人，可是我不知道什麼事情是有意義的，我也不知道自己的專長能力是什麼。對於一個十八歲的孩子，他怎麼知道如何影響他人。恐怕很多政治領袖也不夠資格說自己會解決衝突，如果去問那些大國的領袖能否解決以巴問題，恐怕他們也會被迫承認沒有這種能力。

大家不要輕忽這件事，這件事充分顯示教改人士是相當有理想的，他們認爲十八歲的孩子應該知道什麼事情是有意義的，他的專長是什麼，他能夠影響別人。他們這種認知絕對是不切實際的，教改就是因爲教改人士太過理想而造成很多問題。

9. 指考名額問題

過去採用聯招制度，教改人士最痛恨的就是聯招，非要去之而一快。但

是他們又發現全部改成甄試是不可能的，因為甄試只能填六個志願，如果六個志願全部落榜，怎麼辦？所以他們又想出一個辦法，那就是仍然實行聯招，但絕不使用聯招這個名稱，美其名為指定考試。說實話，我也不知道指定了什麼。

指定考試在甄試放榜後才舉行，考試的難度超過了學測的難度，因為學測只考高一和高二的科目，指定考試卻要考高中的全部課程。很多聰明的孩子在甄試時已經榜上有名，當然不會考指考。令我不解的是，為何不聰明的孩子要考得比較難。這恐怕是沒有人能回答的問題。

指考的做法和聯招有非常相同之處，拿到分數以後填志願，沒有規定志願數，放榜以後也沒有備取的問題。可是有一個問題，假如某一個A系有五十個指考名額，另外一個性質相同的B系只有二十五個指考名額，最後錄取時，B系的最低錄取分數會比A系的最低錄取分數要高，B系可以大肆宣

傳。所以各個大學都設法降低指考名額，不論多少家長和教授希望教育部能夠提高指考名額，教育部始終不肯。

指考對於弱勢孩子是非常有利的，他們不需要花很多錢，但是教育部好像很厭惡指考，這當然是由於教改人士非常痛恨聯招的原因。

10. 十二年國教

我國現在小學到高中的教育爲十二年國教，大家不要以爲從小學至高中都是強迫教育的，高中的三年教育並非強迫的，所以絕大多數的人不懂爲何叫做十二年國教。我一直希望政府將高中三年教育列爲強迫教育，理由是國中畢業以後就輟學，非常不容易找到工作。這一類的學生往往來自弱勢家庭，極容易被黑道所吸收。如果國中畢業以後一定要上高中或高職，黑道比較不容易進入校園，所以學生被黑道吸引的機會就少了很多。高中畢業

時，學生已經十八歲了，這時他們比較成熟，即使不升大學，也能有生活的能力，我們可以不必太擔心這些孩子會被黑道吸引。

我曾在一個場合和教育部官員見面，談到高中三年應該列爲強迫教育的問題。這位教育部官員說，有些孩子要在家裡接受教育，所以不能強迫他接受高中的教育。這是完全不通的，因爲小學和國中都可以在家中接受教育，但是小學和國中仍然是強迫教育。

11. 一〇八課綱所談到的素養

一〇八課綱於民國一〇八年開始實施，根據官方解釋，一〇八課綱以「**成就每一個孩子——適性揚才、終身學習**」爲願景，**以學生爲學習的主體**。說實話，這些偉大的名詞實在好聽，但是如何做到，誰也不知道。對我來講，我也不懂什麼叫做**以學生爲學習的主體**。

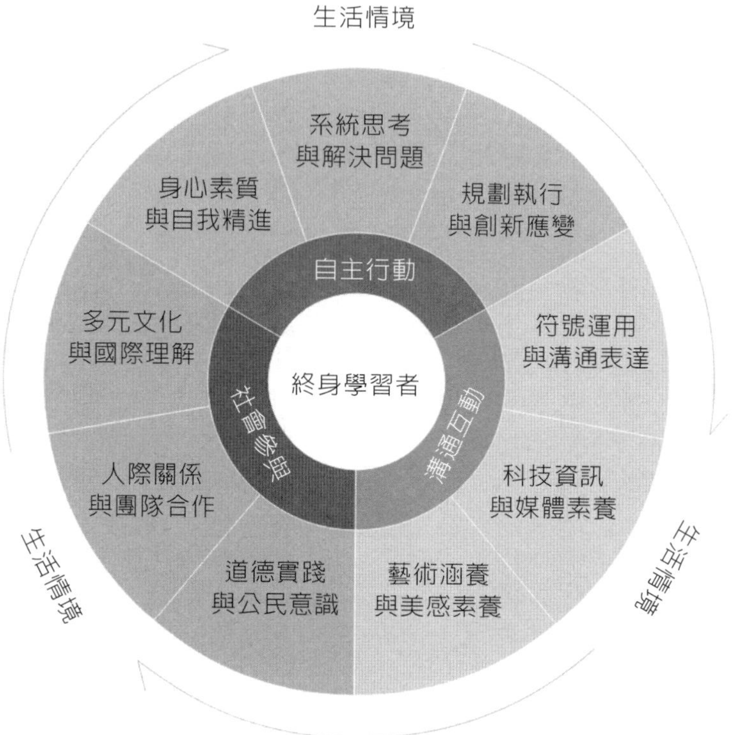

核心素養的內涵（三面九項）

一〇八課綱大談「**核心素養**」，根據教育部的說法，「核心素養」是指一個人爲了適應現在生活及面對未來挑戰，所應具備的知識、能力與態度。核心素養分爲三大面向：「**自主行動**」、「**溝通互動**」、「**社會參與**」，此三大面向再細分爲九大項目。

我實在認爲一〇八課綱強調素養乃是一件完全不切實際的事。世界上有多少人有這種素養？

12. 學習歷程檔案

以後高中或高職生都要有學習歷程檔案，因爲大學甄試時考試成績只占百分之五十，其他的百分之五十要由大學參考學習歷程檔案和自辦項目。學習歷程檔案有四大項目：

一、**基本資料：由學校人員「每學期」進行上傳。**

二、**修課紀錄：由學校人員「每學期」進行上傳**。

三、**課程學習成果：由學生「每學期」進行上傳**。

包括修課紀錄及學分數之課程作業、作品及其他學習成果。每學年由學生勾選六件，經由學校人員提交至中央資料庫。大學端參採限制：學生自中央資料庫勾選提交至招生單位之件數上限，大學至多三件，技專院校至多九件。

四、多元表現：由學生「每學年」進行上傳。

對應一〇八新課綱之彈性學習時間、團體活動時間及其他表現，每學年由學生勾選十件，經由學校人員提交至中央資料庫。大學端參採限制：學生自中央資料庫勾選提交至招生單位之件數上限爲十件。

各位可以看出我國的教改將教育變成非常複雜的一件事，每學年學生要勾選六件課程學習成果，但是申請大學時又只能從中選三件。學生每學年可

以選十件多元表現，但是申請大學時又只能從中選十件。

我很慶幸自己當年讀高中時根本沒有這些規定，對於教改，我要問一個基本問題：教改有沒有提高學生的學業程度？事實上，我國學生的程度在往下降，在以下，我們可以看到幾個大學生所寫的英文句子。

1. Your brother had been eaten two apples.
2. He begin play piano.
3. Can he swimming?
4. Did he had many books?
5. Does you see?
6. Do they jumping?
7. Does she likes?
8. They are not take a nap now.

9. He should walks.

10. She always a teacher.

我的結論是，教改除了造成學生和老師們的紛擾以外，一無益處。我實在不能了解爲什麼要教改，但我知道提倡教改的教授們都是十分有理想的，但是他們不接地氣，所以所訂出來的辦法完全不切實際。就以免試升學來講，免試升學還要考試，這不是大笑話嗎？

教改的最大問題在於完全沒有談到學生的學業程度問題。在過去，大學生的英文程度不會低落到如此地步。政府官員似乎完全不知道這種情形，還在大談適性揚才，而且對於如何升學的興趣極大，過一陣子就想出一套方法來改升學辦法，好像我們國家的教育是和升學辦法有密切關係的。

我很誠懇地希望教育界有權勢的官員和有影響力的大學教授不要再成天想如何改革升學辦法，而應該思考如何提高全國學生的學業程度。

45

我的天主教信仰

我是天主教徒，我相信很多人搞不清楚天主教徒也是基督徒，因爲在台灣，很多人信的是基督教。基督教的教義是根據耶穌基督的，所以大家知道信基督教的人是基督徒。很少人知道天主教的教義也是根據耶穌的福音，所以天主教徒也是基督徒。在英文，天主教叫做Catholic，基督教其實叫做Protestant，這是因爲當年馬丁路德對天主教會不滿，提出抗議，而成立了基督教。protest就是抗議的意思。

對很多學科學的人來講，宗教都帶有一些迷信的色彩，而且宗教多多少少是反科學的。我覺得這種想法是値得重視的，我本人一輩子都和科學發生關係，可是我仍然有宗教信仰。這是怎麼回事？

宗教信仰不能和科學起衝突，現在我們談一個最基本的問題，人究竟有沒有靈魂？如果靈魂是可以用科學的方法來感測的話，那人有沒有靈魂是可以用科學的方法得到答案的。可是，當初我們討論靈魂時，從來沒有說這是

一個物體，所以我們不可能有感測器可以感測到靈魂是否存在。如果一個人相信靈魂是存在的，那是他的信仰。如果一個人不相信靈魂存在，也是可以的。以我來講，我是相信靈魂存在的，但是我無法用科學的方法來證明靈魂是存在的。我要強調的是，我的信仰並沒有和邏輯思考起衝突，因爲人是可以有信仰的。

基督徒的信仰中有一個「造物主」，我們認爲天地萬物都與造物主有關。當然，宇宙存在已經很久了，究竟有沒有造物主，仍然可以從一些科學的知識中得到一些答案。

我們從生物的遺傳談起，所謂生物，就是有生命的。既然有生命，就有遺傳的問題。不論是動物或植物，遺傳都是很明顯的。究竟生物爲什麼可以有遺傳功能？這牽涉到DNA。DNA是一連串的化合物，可是只有四種核苷酸（nucleotide），習慣上用A、C、G、T來表示。所以我們可能有一段

DNA是像下面的。

TTCCACAGTGGCCGTCATTGTGCC

大家都說DNA和遺傳有關，這是因爲DNA其實是用來製造蛋白質的，蛋白質由二十種胺基酸（amino acid）組成。這二十種胺基酸都有簡寫的名字，分別以A、R、…Y、V等表示。有趣的是，這二十種胺基酸是和DNA有關的，簡單地講，每三個DNA字母就對應一個胺基酸。現在我們將上述的序列重寫如下：

TTC CAC AGT GGC CGT CAT TGT GCC

TTC代表胺基酸F，CAC代表胺基酸H，AGT代表胺基酸S，以此類推，所以以上的序列對於胺基酸而言如下：

F H S G R H C A

我們可以說，生物的內部有一個密碼，密碼當然要有一個解碼本，下頁表一就是DNA和胺基酸的密碼解碼本。

我來解釋這個表的意義。如果生物的某一細胞要製造某一種蛋白質，它會拿一段DNA。假設這一段DNA序列是TTC CAC AGT GGC CGT CAT TGT GCC，細胞會知道它要做的蛋白質是由以下的胺基酸所連結成功的。

表一

		Second Position of Codon					
		T	C	A	G		
First Position	T	TTT Phe[F] TTC Phe[F] TTA Leu[L] TTG Leu[L]	TCT Ser[S] TCC Ser[S] TCA Ser[S] TCG Ser[S]	TAT Tyr[Y] TAC Tyr[Y] TAA Ter[end] TAG Ter[end]	TGT Cys[C] TGC Cys[C] TGA Ter[end] TGG Trp[W]	T C	Third Position
	C	CTT Leu[L] CTC Leu[L] CTA Leu[L] CTG Leu[L]	CCT Pro[P] CCC Pro[P] CCA Pro[P] CCG Pro[P]	CAT His[H] CAC His[H] CAA Gln[Q] CAG Gln[Q]	CGT Arg[R] CGC Arg[R] CGA Arg[R] CGG Arg[R]	A G	
	A	ATT Ile[I] ATC Ile[I] ATA Ile[I] ATG Met[M]	ACT Thr[T] ACC Thr[T] ACA Thr[T] ACG Thr[T]	AAT Asn[N] AAC Asn[N] AAA Lys[K] AAG Lys[K]	AGT Ser[S] AGC Ser[S] AGA Arg[R] AGG Arg[R]	T C A G	
	G	GTT Val[V] GTC Val[V] GTA Val[V] GTG Val[V]	GCT Ala[A] GCC Ala[A] GCA Ala[A] GCG Ala[A]	GAT Asp[D] GGAC Asp[D] GAA Glu[E] GAG Glu[E]	GGT Gly[G] GGC Gly[G] GGA Gly[G] GGG Gly[G]	T C A G	

FHSGRHCA

大家也許會問，當細胞讀DNA時，如何知道該結束了？生物又有一個密碼，那就是TAA TAG和TGA，一旦細胞看到這三種之中的任一種，就會停止，蛋白質也就製造結束了。

說到這裡，我要再說一點，那就是所有

的生物都用這一個解碼本，沒有任何例外。從微生物、玫瑰花、黃魚、獅子、大象到人類，全部都用這一個解碼本。因此，我們可以問以下兩個問題：

1. 如果生命是隨機產生的，爲什麼只用四種核苷酸？所製造的蛋白質內都是這二十種胺基酸？要知道，核苷酸和胺基酸都是相當複雜的化合物，我們在高中念化學時還不可能懂得如此複雜的化合物。

2. 誰制定這個解碼本的？我們都知道密碼不可能是隨機產生的，懂得生命科學的人都會將DNA看成一個電腦程式，任何程式都有一個complier，表一就是生物內部的一個complier，這個程式的結束也有它的碼。我們最近才知道電腦程式，其實生物裡的電腦程式已經存在幾萬億年之久。

中學生都知道萬有引力定律，也知道庫倫定律等，每一個定律都可

以說是自然界的法律。法律總是有人制定的。有一位偉大的電磁學家是Maxwell，他的書中解釋了電磁波的速度就是光的速度。我們也許不覺得這句話有什麼意義，可是要知道，現在的通訊是依靠電磁波的，虧得電磁波走得如此之快，現在在非洲發生的事，台灣也立刻知道了。很多科學家都說這是大自然給我們的禮物，我們應該謝謝大自然。

我說了以上的這些話，是要說明我是一位學科學的人，也因爲我知道一些科學，所以我認爲這個世界不是偶然產生的。DNA對我的信仰有很大的關係，我有很多同事，他們都沒有宗教信仰，可是他們的思考都是合乎邏輯的。只要談到DNA和很多大自然的定律，他們都會說這些事情絕對不可能是偶然的。

就以宇宙的產生來講，現在的理論是所謂大霹靂（The Big Bang），希望大家知道，這個理論可以歸功於一位天主教勒梅特（Georges Henri

Joseph Édouard Lemaître）神父。雖然他是天主教神父，可是他也是一位非常傑出的數學家和物理學家。天主教會有很多神父是傑出的科學家。

我還是要提一件事，那就是我們對於大自然的一些現象，仍然要用科學的眼光來處理。現在我和大家介紹杜林裹屍布。在義大利北部的杜林大教堂內有一塊布，這塊布被大家認爲是當初耶穌去世以後的裹屍布。這一塊裹屍布後來經過電腦專家的研究，發現很多特別的現象。

請看圖一最左邊的圖，這塊布經過非常精確的量測，顯示裡面的圖案是完全對稱的。布中有一些花粉，這些花粉也來自中東的巴勒斯坦，布中的頭髮型式也符合耶穌當年中東男性的髮型。最奇妙的是，這塊布上的圖案不是任何化學顏料所製成的，而是經過熱以後所製成的。到目前爲止，科學家無法在布上複製這種圖案。這些科學上的認知似乎證實了這的確是耶穌當年的裹屍布，可是有一個痲煩，這塊布的年齡卻沒有兩千年，科學家認爲這塊布

杜林裹屍布

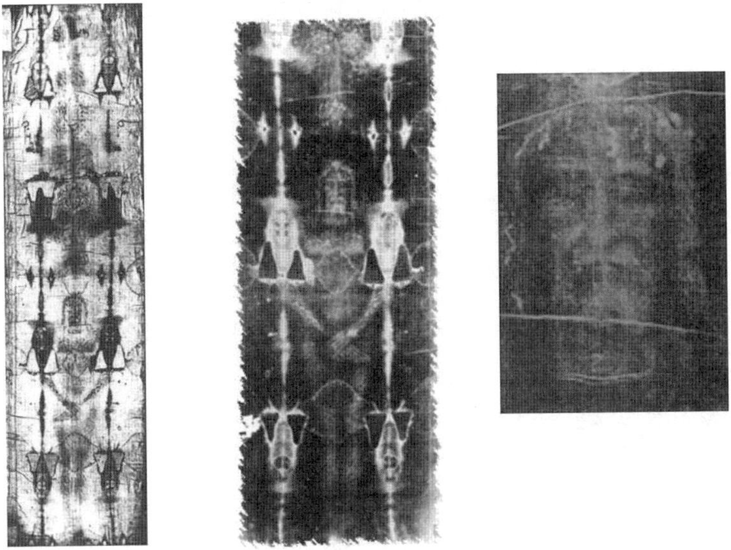

圖一

只有一千年。

從這件事情，我們應該說這一塊布是值得大家保存的。它可能的確是耶穌當年的裹屍布，因爲幾乎沒有辦法解釋這個圖案是如何製成的。最近還是有人發表論文討論這塊布，討論時都很嚴謹，我認爲這種態度是對的。我個人雖然希望這的確是耶穌的裹屍布，但是我不會

因爲我的信仰而說這一定是耶穌的裹屍布。

有了宗教信仰，難免就會有人提到神蹟。在很古老的年代，埃及有一個隱修院，那裡的修士們幾乎每一個人都說他們看到過耶穌。他們顯然沒有說謊，當時沒有人能夠解釋爲什麼這些修士都看見了耶穌。最近科學家發現這座隱修院附近的田野裡有很多野生大麻，修士們不知道這是不應該吃的植物，但是他們爲了刻苦而吃了大麻。大麻會使人有幻覺，看到耶穌可能是幻覺。

有一句話一直是困擾很多人的，那就是「信耶穌，得永生」。很多人因此認爲得永生是很容易的事，只要信耶穌就可以得永生。很多人也認爲耶穌有點偏心，祂不管你是好人壞人，只要你信了祂，就可以得永生。這是可以討論的，假設你是某一國家的總統，你不必要求大家都信你是總統，因爲人家不信，你還是總統。人家相不相信你是總統，對你而言並不重要。所

以，我們不妨看看耶穌基督的話：

「凡是替最小兄弟做的，就是替我做。凡是沒有替我最小兄弟做的，就是沒有替我做。」

從耶穌的這兩句話中，我們可以知道，耶穌對我們的期望是要我們眞心地愛人。而且祂也警告大家，不是成天講主啊主啊的人可以升天堂。如果要成爲好的基督徒是要愛人的，不是每個主日去望彌撒或做禮拜就是眞正的基督徒。反過來說，一個人究竟是不是基督徒，他個人是無法決定的。因爲我們看耶穌基督所講的那句話：「凡是替最小兄弟做的，就是替我做。」

有些人說他不信耶穌，可是我常常告訴他，對耶穌而言，你已經是祂的門徒了，因爲你一直愛人如己。當然，很多自以爲是基督徒的人不見得是眞正的基督徒。

我能夠有天主教信仰應該是一件很幸運的事，不是因爲我因此可以升天

堂，而是因爲有了天主教的信仰，我會常常想到別人，也會花時間和精力幫助別人。更重要的是，我的確沒有對任何人有任何怨言。即使在我的一生中，有人對我是很有敵意的，我也從來沒有對他們有任何敵意。

最後，我要將一篇聖方濟的祈禱文寫在下面，因爲我在高中時看到這篇祈禱文，當時就對我影響之大，也使我在高中時領洗成爲天主教徒。

Lord, make me an instrument of your peace.
Where there is hatred, let me sow love.
Where there is injury, pardon.
Where there is doubt, faith.
Where there is despair, hope.
Where there is darkness, light.

And where there is sadness, joy
O Divine Master, grant that I may
Not so much seek to be consoled as to console
To be understood, as to understand
To be loved, as to love
For it is in giving that we receive
And it's in pardoning that we are pardoned
And it's in dying that we are born to Eternal Life
Amen

在這個紛亂的時代裡，這個祈禱文前面的幾句話實在是相當有意義的。我將它們再寫在下面。

Where there is hatred, let me sow love
Where there is injury, pardon
Where there is doubt, faith
Where there is despair, hope
Where there is darkness, light
And where there is sadness, joy

不論你是否爲基督徒，都不妨讀以上這幾句話。信不信由你，你會因爲這幾句話對很多事有很多不同的想法。

46

最令我感到高興的事

我這一生，的確做了不少事情，最值得我感到欣慰的是成立了博幼基金會。我幾乎可以說，政府和絕大多數的教育界人士其實是不太知道偏鄉孩子學業程度的。我曾經和一位偏鄉高中老師聊天，他坦白地承認，他們學校多數學生畢業以後是打零工的。這些學生來自弱勢家庭，長大成人以後仍然是弱勢者。

我成立了博幼基金會，是因爲我發現偏鄉孩子的學業程度低，要翻轉他們，必須提高他們的學業程度。偏鄉孩子如果不會英文和數學，回家以後是得不到幫助的，因爲他們的家長也不會英文和數學。如果我們將這些孩子教好了，他們會有較好的競爭力，他們的孩子將來如果在英文和數學上有問題，回家可以問父母。所以我們現在將一批孩子教好了，他們的世世代代都會愈來愈有競爭力。

當時有一句博幼的口號是很有意義的，那就是「現在的種子是未來的

花，現在的花是未來的果實」。

博幼的孩子一定都是來自弱勢家庭，他們的父母多半是勞動階級，而且很多是打零工的。打零工的人不可能按月拿到薪水，有可能很長的時間沒有任何收入。我可以很驕傲地說，博幼的畢業生沒有一個是打零工的，而且也沒有任何一位是可以不繳稅的。

一個國家總有所謂低收入戶，好的國家會使得很多低收入戶成爲中產階級。博幼基金會的確替國家做了很多事，使得很多偏鄉孩子可以不再是低收入戶。和大家分享一個故事，一位媽媽帶了她的孩子去一個安置機構，希望安置機構能夠收容這個孩子，因爲她實在太窮，無法使孩子得到好的生活和教養。那個安置機構的人覺得這位媽媽有點面熟，後來發現這位媽媽其實當年也是在這個安置機構長大的，沒有想到的是，她的孩子又回來了。

對所有弱勢孩子，不能只注意到他有沒有吃飽和睡好，一定要注意他的

學業程度。孩子在小的時候沒有一定的學業程度，大了以後也不可能有什麼競爭力的。

成立博幼基金會很簡單，可是要使得博幼基金會成長，並不是一件簡單的事。如果我們做得不好，就不會得到社會善心人士的認同。我能使博幼基金會成長到目前的狀況，難怪會認爲這是我一生中最高興的事。

47

最令我感到遺憾的事

我雖然是個樂觀的人，但我心中還是有一些遺憾，因爲我有一些想法雖然一再地提出，卻幾乎沒有人理會，好像看不懂我的想法。這當然使我感到非常遺憾，因爲我有一種感覺，那就是在我的有生之年，大概這些想法都不會有人理會了。總結起來，我有兩件感到非常遺憾的事：

1. 我一再希望政府在教育方面能夠腳踏實地，但是政府永遠無法了解這一點。偏鄉孩子的學業程度差，我相信政府很多官員知道這一點，但是他們對此事沒有興趣，因爲在政治上，這不是一個議題，從來沒有哪一個政黨替偏鄉孩子發聲的。偏鄉孩子的父母也不會怪罪政府沒有把孩子教好。很多偏鄉小學只有半個英文老師，關於這一點，我講了很多次，始終沒有任何結果。

很多教授都是很有理想的，但是他們所提出的辦法卻毫不務實，比方說，他們大談素養，認爲學生要有以下的能力：

身心素質與自我精進
系統思考與解決問題
規劃執行與創新應變
符號運用與溝通表達
科技資訊與媒體素養
藝術涵養與美感素養
道德實踐與公民意識
人際關係與團隊合作
多元文化與國際理解

但是我發現，我們大學生的程度在往下降。有一位大學電機系系主任告訴我，在很多年前，他能夠組織學生參加一項比賽，但現在已經完全沒有這

個能力了，因爲學生的程度下降得很厲害。

有另外一位教授說，他給他最近收來的研究生看一篇幾年前同一間學校的碩士論文，這位新的研究生還是那一屆最好的學生，但是他說他看不懂。我曾經和一位教授合作設計類比電路，可是最後這位教授告訴我，他找不到任何學生可以懂得類比電路，他發現學生的英文程度實在太差，根本無法看英文教科書。

我一再地寫文章告訴教育界這個問題，可是政府以及大學教授們都對我的想法不理不睬。我知道原因之所在，乃是政府對於學生的學業程度其實是漠不關心的，從小學到大學都是如此。教育部強調中小學要有特色，因此很多偏鄉小學和國中的學生會被拉去練田徑、棒球和唱歌跳舞。他們的功課再差，政府也不會採取什麼行動。很多大學的資訊系學生根本不會寫程式，很多大學的機械研究所的碩士論文是有關命理、夜市和旅遊，完全是因爲這些

大學的學生程度實在很差。這是一個相當嚴重的問題，可是我看不出教育部有什麼方法可以解決這個問題。

政府不是不重視教育，可是政府官員似乎完全不知道教育要從基本做起，小孩子不懂最基本的學識，教育當局卻大談中小學的AI教育。我實在只有嘆息。

對我們國家而言，教育是非常重要的，但是教改卻只注意到升學制度，而絲毫不提如何提高學生的學業程度。我實在感到非常遺憾，而且我有一個感覺，我怎麼講都是狗吠火車，沒有用的。

2. 我一直強調工業的重要性，可是我也注意到媒體完全不談工業。政府當然也對工業發展沒有興趣，他們會提出幾大產業來唬弄老百姓，而不知道最重要的是要有非常精密的工業，普通的工業已經無法在台灣生存了。遺憾的是，政府從來沒有提精密工業這四個字。

我更感到遺憾的是，工業發展也應該注意腳踏實地，如果一個國家連最基本的技術都不行，怎麼可能使得工業能夠更上一層樓？政府從前大談奈米科技，其實在那時，我們連微米都做不到，現在又大談AI，其實AI會牽涉到很多感測器，政府卻從來不提如何建立感測器技術。

總而言之，我感覺到政府對於工業的更上一層樓沒有太大的興趣，也不知道如何能夠提高我們的工業水準。不僅政府官員對工業沒有興趣，我敢說，多數老百姓都不知道工業對國家的重要性。在過去，我們還有成爲強國的想法，最近幾乎沒有人提強國這個名詞了。當然，所謂強國不是船堅炮利，而是有堅強的工業實力。

我花了很多心血提醒國家社會重視工業的發展，可是感到非常遺憾，因爲很少人和我有同感。大多數人不會反對我的想法，可是也不會很熱烈地重視我的想法。我很擔心我國因爲對工業的漠視，而愈來愈失去競爭力。

48

我喜歡做的事

我不是一個很有雅興的人，所謂琴棋書畫，幾乎完全不會。但是我的確還是有一些喜歡做的事，可以告訴大家。

1. 我喜歡望彌撒，這大概是大家搞不懂的事。很少人知道天主教徒是可以每天望彌撒的，我並不是很好的教友，因爲望彌撒時，也會心不在焉，但是我仍然喜歡望彌撒。在外國，黃昏時也有彌撒的，所以我如果出國，也很少沒有望彌撒。

2. 我喜歡打網球，我打網球完全是好玩，與比賽毫無關係。和我打的球友是我過去的學生，兩人有很好的默契，永遠設法打到對方的右手，好使對方可以順利地回球。不要以爲這很簡單，只有高手才能做到這一點。如果對方有事不能和我打網球，我就有點沮喪。反過來說，如果有球可打，我就心情很好。

3. 我喜歡看偵探小說，糟糕的是，從前看偵探小說從來不會發現裡面

有沒有邏輯上的漏洞，最近，即使我很輕鬆地看一本名著，也會發現其中有問題。在過去，我會寫信給出版社，解釋我認爲小說中的邏輯漏洞，出版社也會去問很多人，最後都無法解釋。最近我只和我的學生討論一下，就不再告訴出版社我發現的漏洞。理由是，怕大家對偵探小說沒興趣了。其實看偵探小說是訓練一個人邏輯思考最好的方法，我一下子就看出小說中的漏洞，這個功力不容易的。

4. 我當然喜歡看偵探電影和偵探影集，比方說，神探可倫坡、神經妙探、推理女神探、紳士刑警（日本），這些影集都非常精彩。可倫坡和神經妙探中的Monk都很厲害，也極爲有趣。推理女神探裡面的偵探是個老太太，可是永遠可以明察秋毫，任何壞人都逃不過她的法眼。紳士刑警中的那位偵探的確像個紳士，他承認自己根本不會開槍。這些偵探影集都是我一看再看的。

最近我迷上了英國的偵探影集，駭人命案事件簿（Somer）、設得蘭謎案（Shetland）、Shakespeare and Hathaway Private Investigators。這三部影集的共同特色是他們都在英國鄉下拍攝，風景極美。Shetland是一個荒島，我這個人就喜歡看荒原的景色，因此也就愛上了這些影集。Shakespeare是一位女士，怎麼會叫這個名字，我也不知道。Hathaway是個大胖子，一點都不神氣。這三部影集不但風景好，室內布置也好看，喝茶的杯子也都講究。最好的是上面有英文字幕，否則可能看得一知半解。

5. 我喜歡教小孩，教大學生實在沒有什麼趣味，因爲他們一教就會，博士生根本是相反的，多半是他們在教我。教小孩其實是很辛苦的，尤其是小男生，他們喜歡坐在一起，如此可以在上課時偷偷打鬧。可是將他們教會了，才是眞正有成就感，而且看到孩子們在胡鬧，知道他們很快樂，自己也會感到很快樂，這是教大學生無法感受到的。

6. 我喜歡研究類比電路，我太太常常擔心我會因爲想不通類比電路而精神失常，因爲我的確發生在睡夢中醒來，去看類比電路的事情。但不知何故，我就是愛上了很難的玩意兒。每次將一個電路完成了，我都會感到心滿意足。我也要告訴各位，類比電路是很難設計的，因爲很多特別的線路都是一般教科書上沒有的，可是我這個人心腸很好，所以有很多在業界的高足，他們厲害得不得了，常常提供我非常精彩的線路。我和這些高足保持密切聯絡，使得我可以克服很多困難。

7. 我喜歡聽古典音樂，我沒有非常好的音響，但是每天必定聽大師們的作曲。我一直好奇爲什麼現在沒有偉大的音樂家了，據我所知，最後一位被大家推崇的音樂家是拉赫曼尼諾夫，他一九四三年去世，從此以後，沒有非常好聽的新古典音樂問世。我壓迫博幼的孩子聽古典音樂，將五十五首著名的古典音樂串連成一輯，據說孩子們最喜歡聽的是四季。我本人也喜歡

這個音樂，我一直好奇爲什麼不再有人寫得出韓德爾的哈利路亞、貝多芬的命運交響曲、柴可夫斯基的一八一二年序曲、蕭邦的夜曲、李斯特的愛之夢等。

8. 我喜歡彈琴，我當然不是眞的照規矩彈的，我只能彈短短的歌曲，而且伴奏永遠是簡單的，一概是C大調，這完全是彈給自己聽的。各位想想看，如果一個人能夠在家裡彈〈紫竹調〉、〈小城故事〉、〈茉莉花〉、〈送別〉、〈Auld Lang Syne〉、〈Loch Lomond〉、〈Amazing Grace〉、〈Danny Boy〉，心情怎麼會不愉快？我也在網路上找到很多大師作品的簡易版，彈起來蕩氣迴腸，幾可亂眞。可是就是彈不成愛之夢，李斯特太可惡了，寫出這麼好聽的鋼琴曲，卻又如此難彈。最近我愛彈的一首歌是〈Will Ye Go, Lassie Go〉，各位不妨到網路上去找這首歌來聽聽，保證會喜歡。

附錄

讓高牆倒下吧——訪問德蕾莎修女的感想

1. 走出高牆

五十年前，一群來自歐洲的天主教修女們住在印度的加爾各答，她們住在一所宏偉的修道院內，雖然生活很有規律，可是一般說來，她們的生活是相當安定而且舒適的，修道院建築以外還有整理得非常漂亮的花園，花園裡的草地更是綠草如茵。整個修道院四面都有高牆，修女們是不能隨意走出高牆的，有時爲了看病，才會出去。可是她們都會乘汽車去，而且也會立刻回來。

高牆內，生活舒適而安定，圍牆外，卻是完全一個不同的世界。二次世界大戰爆發，糧食運輸因爲軍隊的運輸而受了極大的影響，物價大漲，大批農人本來就沒有多少儲蓄，現在這些儲蓄因爲通貨膨脹而化爲烏有，因此加爾各答城裡湧入了成千上萬的窮人，據說大約有二百萬人因此而餓死。沒

有餓死的人也只有住在街上，一直到今天，我們都可以看到這些住在街上的人。過著非常悲慘的生活。舉個例來說，我曾在加爾各答的街道上，親眼看到一個小孩子，用一只杯子在陰溝裡盛水洗臉，漱口，最後索性盛了一大杯，痛痛快快地將水喝了下去。

就在我旅館門口，兩個小男孩每天晚上會在這裡睡覺，他們合蓋一塊布，哥哥最多只有三歲大，弟弟恐怕只有三歲不到，兩人永遠占據同一個地方，也永遠幾乎相擁在一起，他們十一點準時睡覺，早上六時以後就不見蹤影了。

這些孩子，很多終其一生沒有能夠走進任何一個房子，也可能終身沒有嘗過自來水的滋味。

住在修道院的修女們知道外面的悲慘世界嗎？這永遠是個謎，可是對這些來自歐洲的修女們來說，印度是一個落後的國家，這種悲慘情景不算什麼

特別，她們的任務只是辦好一所貴族化的女子學校，教好一批有錢家庭的子女們。

德蕾莎修女就住在這座高牆之內，她出身於一個有好教養的南斯拉夫家庭，從小受到天主教的教育，十八歲進了這所修道院，成爲一位修女，雖然她已來到了印度，她的生活仍然很歐洲式的。

可是有一次到大吉嶺隱休的途中，德蕾莎修女感到天主給她一道命令，她應該爲世上最窮的人服務。

一九四八年，德蕾莎修女離開了她住了二十多年的修道院，她脫下了那套厚重的黑色歐洲式修女道袍，換上了一件像印度農婦穿的白色衣服，這套衣服有藍色的邊，德蕾莎修女從此要走出高牆，走入一個貧窮、髒亂的悲慘世界。

高牆到今天都仍存在，可是對德蕾莎修女而言，高牆消失了，她從此不

再過舒適而安定的生活，她要每天看到有人赤身裸體的躺在街上，也不能忽視很多人躺在路上奄奄一息，即將去世。她更不能假裝看不到有人的膀子被老鼠咬掉了一大片。下身也幾乎完全被蟲吃掉。

德蕾莎修女是一個人走出去的，她要直接替最窮的人服務，即使對天主教會而言，這仍是怪事，很多神父認爲她大錯特錯，可是她的信仰一直支持著她，使她在遭遇多少挫折之後仍不氣餒。

到今天，四十六年以後，德蕾莎修女已是家喻戶曉的人物。一九九四年十一月十六日，她將到靜宜大學接受榮譽博士學位，爲了增加對她的了解，我決定親自到加爾各答看她。

2. 我們了解的德蕾莎修女

德蕾莎修女究竟是一個什麼樣的人？

她的第一個特徵是絕對的貧窮，她不僅爲最窮的人服務而已，她還要求自己也成爲窮人，她只有三套衣服，她不穿襪子，只穿涼鞋，她的住處除了電燈以外，惟一的電氣用具是電話，這還是最近才裝的。電腦等一概沒有。

她也沒有祕書替她安排時間，沒有祕書替她回信，信都由她親筆回。在我去訪問她以前，中山大學的楊昌彪教授說她一定會有一群公關人員，替她做宣傳，否則她如何會如此有名？而且怎麼會有這麼多人跟隨她，我覺得這好像有些道理，我想如果她有這麼一位公關人員，我可以向她要一套介紹德蕾莎修女的錄影帶，可是我錯了，她沒有任何公關人員，更沒有任何宣傳品。

在天主教各個修會人數往下降的時候，她的修會卻一直蓬勃發展，現在已有七千多位修女和修士們參加了這個仁愛修會。修士修女們宣誓終其一生

要全心全意地為「最窮」的人（poorest of the poor）服務。

至於她的思想呢？

德蕾莎修女常常強調耶穌在十字架上臨死的一句話「我渴」，對德蕾莎修女而言，耶穌當時代表了古往今來全人類中所有受苦受難的人。所謂渴不僅是生理上的需要水喝，而且也代表人在受苦受難時最需要的是來自人類的愛，來自人類的關懷。

德蕾莎修女成立了一百多個替窮人服務的處所，每個處所都有耶穌被釘在十字架上的苦像，而在十字架旁邊，都有「我渴」這兩個字。她要提醒大家，任何一個人在痛苦中，我們就應在他的身上看到基督的影子，任何替這位不幸的人所做的，都是替基督所做的。

德蕾莎的默想禱文這樣說的：

一顆純潔的心，很容易看到基督。
在饑餓的人中。
在赤身露體的人中。
在無家可歸的人中。
在寂寞的人中。
在沒有人要的人中。
在沒有人愛的人中。
在痲瘋病病當中。
在酗酒的人中。
在躺在街上的乞丐中。
窮人餓了，不僅只希望有一塊麵包而已，更希望有人愛他。
窮人赤身露體，不僅希望有人給他一塊布，更希望有人能給他人應有的

尊嚴。

窮人無家可歸，不僅希望有一間小屋可以棲身，而且也希望再也沒有人遺棄他，忘了他，對他漠不關心。

德蕾莎修女不只是一位社會工作者而已，爲了要服務最窮的人，她的修士修女們都要變成窮人，修士們連手錶都不准戴，只有如此，被修士修女們服務的窮人才會感到有一些尊嚴。

只有親眼看到，才可以體會到這種替窮人服務的精神，他們不只是在「服務」窮人，他們幾乎是在「侍奉」窮人。

德蕾莎修女說她知道她不能解決人類中的貧困問題。這個問題，必須留給政治家、科學家和經濟學家慢慢地解決，可是她等不了，她知道世界上太多人過著毫無尊嚴的非人生活，她必須先照顧她們。

因爲修士修女們過著窮人的生活，德蕾莎修女不需大量的金錢，她從不募款，以她的聲望，只要她肯辦一次慈善晚飯，全世界的大公司都會捐錢，可是她永遠不肯。她不願做這類的事情，以確保她的修士修女們的純潔。她們沒有公關單位，顯然也是這個原因。

事實上德蕾莎修女最喜歡的不僅僅是有人捐錢給她，她更希望有人肯來做義工。

在德蕾莎修女的默想文中，有一句話是我一直不能了解的：

一顆純潔的心會，
自由地給予，
自由地愛，
直到它受到創傷。

說實話，我一直不懂，何謂「心靈受傷」。這次去見了德蕾莎修女的工作場所，參加了修士修女們的工作，才眞正了解所謂「心靈受傷」和愛的關係。

3. 和德蕾莎修女的五分鐘會面

要見德蕾莎修女，只有一個辦法，那就是早上去望六點鐘的彌撒，我和她約好九月四日早上九點見面。五點五十分，我就到了，修女們都已到齊，大家膝地而坐，這好像是她的命令，教堂裡沒有跪凳，一方面是省錢，二方面大概是徹底的印度化。除了修女以外，幾十個外國人也在場，後來我才知道這些全是修女的義工，來自全世界。

我到處找，總算找到這個名聞世界的修女，她在最後一排的小角落裡，這個精神領袖一點架子都沒有，靜靜地站在修女們的最後一排。

彌撒完了，一大堆的人要見她，我這才發現，德蕾莎修女沒有會客室，她就赤著腳站在教堂外的走廊上和每一位要和她見面的人談話，這些人沒有一位要求和她合影，雖然每人只談了幾分鐘，輪到我，已經半小時去掉，在我後面，還有二十幾位在等。

她居然記得她要去靜宜接受榮譽博士學位的事，雖然她親口在電話中和我敲定十一月十六日，雖然我寄了三封信給她，告訴她日期已經敲定，可是她仍然忘了是哪一天，所以我面交了最後一封信，信上再說明是十一月十六日。然後我們又討價還價地講她究竟能在台灣待幾天，她最後同意四天。

我問她有沒有拍任何錄影帶描寫她們的工作，她說沒有，我問她有沒有什麼書介紹她們的工作，她也說沒有，可是她說附近有一座大教堂，也許我可以在那裡找到這種書。我沒有問她有沒有公關主任，答案已經很明顯了。

我想做的事情都沒有做到，因爲我給了她一張支票，她要簽收據，折騰了幾分鐘，後面還有二十幾個人，我只好結束了會面，我後面的一位只說了一句話「我從倫敦來的」，一面給她一些現款，一面跪下來親吻修女的腳，她非常不好意思，可是也沒有拒絕。我這才發現，她的腳已因爲風濕而變了形。

4. 垂死之家的經驗

我在加爾各答可以有三天的自由活動，因此決定去修女創辦的垂死之家做義工。

垂死之家，是德蕾莎修女創立的，有一次她看到一位流浪漢坐在一棵樹下，已快去世了，她在火車上，無法下來看他，等她再坐火車回來，發現他已去世了。當時她有一個想法，如果有人在他臨死以前和他談談，一定可以

使他比較平安地死去。

還有一次，德蕾莎修女在街上發現了一位老婦人，她的身體到處都被老鼠和蟲所咬壞，她將她帶到好幾家醫院，雖然有一家醫院終於接受了她，她在幾小時內就去世。

德蕾莎因此創立了垂死之家，在這裡的人，必須要病危而且要無家可歸的流浪者。

加爾各答滿街都是無家可歸的人，晚上出去必須小心走路，不然一定會碰到睡在地上的人。有一位義工告訴我，有一位愛爾蘭女士，每天在街上走來走去，如果看到有病重的人，就會送到垂死之家去，她也會常常發現痲瘋病人。德蕾莎修女和一家救護車行，有一種共識，他們會替她服務。會將這種病人送到修女的痲瘋病院去。

在垂死之家，病人有人照顧，既使最後去世，在去世以前，至少感到了

人間的溫暖，因為修士修女們都非常地和善，他們儘量地握病人的手，如果病人情形嚴重，一定有人握住他的手，以便讓他感到人類對他的關懷和愛。

雖然德蕾莎修女是天主教修女，她絕對尊重別人的宗教，每一位病人去世以後，都會照他的宗教信仰火葬。

九月四日，垂死之家的義工奇多，可是每個人都忙得不亦樂乎，我第一件工作是洗衣服，洗了一個小時，我溜到樓上去曬衣服，這才發現他們連夾衣服的夾子都沒有。正好碰到大風，只好每件衣服都打個結。

曬衣服回來，忽然有人叫我：「修士，有人去世，你要來幫忙抬遺體。」我不是修士，可是也不敢否認，因此我就去抬了，抬入一間暫停的停屍間。我沒有看到她長什麼樣子，只感到她的遺體輕得出奇。

快十一點了，一位神父來做彌撒，經文用英文，可是所有的聖歌都是用

印度文的，極像佛教僧侶的吟唱，只是更有活力，調子也快得多，除了風琴之外，還有一位男修士在打鼓，這些男修士唱歌的時候，活像美國黑人唱歌一樣地陶醉，很多修女在彌撒時繼續工作，只有領聖時候才前去領聖體。彌撒完了，我們要分送飯，我發現病人們吃的還不錯，是咖哩肉飯。在這以前，我注意到一名年輕病人，頂多十五歲，他曾經叫我替他弄一杯牛奶喝，我也一匙一匙地餵他，現在他又要我餵他吃。一位修女說我慣壞了他，因爲他一向都是自己吃的。修女說顯然他很喜歡我。吃完了飯，他還要拉著我的手不放。

快到十二點的時後，一個傢伙來找我：「修士，那位病人要上廁所。」我這才知道，這位年輕病人已弱得不能走路，我扶著他慢慢走去，發現他好矮。他上廁所的時後完全要我扶著，這裡是沒有馬桶的。

義工哪裡來的？做什麼事？絕大多數的義工來自歐洲，也有來自日本和

新加坡的，我沒有碰到來自美國的義工，也只見到一位印度義工，而且是從歐洲回來的。其他一半義工大概是在學的學生，暑假全泡在這裡了，另一半大都是已就業的人士。令我感到吃驚的是很多醫生來了，我就碰到六位，都來自歐洲。還有一位是義大利的銀行家，雖然他不講，也看得出來，他每年必來，一來起碼兩個星期。年輕的義工常常在此工作三個月之久。

義工無貧賤，過去美國加州州長在此服務過一個月，修女們假裝不認識他，他的工作也和大家一樣。

第二天，我發現我的工作更多了，第一件是洗碗，用的清潔劑是石灰，看起來好髒，病人的碗都是不鏽鋼的，不怕這種粗燥的石灰。不過水很快就變成黑水。第二件工作是替洗好澡的病人穿衣服，我這才發現病人有多瘦，瘦得像從納粹集中營裡放出來的，似乎一點肉都沒有了。

在任何時刻，病人都會要水喝，我們義工不停地給他們水喝，有時也要

給他們沖牛奶，有一位病人最爲麻煩，他一開始認爲我不該給他冷牛奶，我只好去找熱水。廚房的廚娘不是修女，兇得要命，用印度話把我臭罵，我不懂我做錯了什麼，只好求救於一位修士。後來才知道，我不該將病人用的杯子靠近燒飯的地方。好不容易加了熱水，他又嫌太燙，我加了冷水，他又說怎麼沒有糖，好在我知道糖在那裡，加了糖以後，他總算滿意了。也謝了我，而且叫我好孩子。我在想，這位老先生一定很有錢，過去每天在家使喚傭人，現在被人家遺棄，積習仍未改，可是因爲我們要侍奉窮人，也就只好聽由他使喚了。

第三件工作是洗衣服，無聊之至。洗衣中，又有人叫我修士，要我送藥給病人，我高興極了，因爲這件事輕鬆而愉快，有一位年輕的修士負責配藥，配完以後，我們給一位一位病人送去。所以我的第四件工作是送藥。

送藥送得起勁，一個傢伙來找我，他說：「修士，我是開救護車的，你

要幫我抬四具遺體到車上去。」我曾背部受傷過，重東西早就不抬了，可是修士是什麼都要做的，我只好去抬。好在遺體都已用白布包好，我看不見他們什麼樣子。

上車以前，我抓了一位年輕力壯的修士與我同行，因爲我畢竟不是修士，也不懂當地法律，萬一有人找起我麻煩來，我應付不了。那位修士覺得有道理，就和我一起去了。

這位修士十九歲，身強體壯，一看就可以知道出身富有家庭，否則不會體格如此之好，他在一所大學唸了一年電機，就決定修道，參加這個修會。這位修士其實是個漂亮的年輕人，只是臉上有一個胎記，使他看上去好像臉上有一個刀疤，他就是昨天在彌撒中打鼓的那一位，他十分外向，老是在講笑話，途中我想買一瓶可口可樂喝，他說他不可以接受我的可口可樂，他說他不戴錶，曾經有人要送他一只錶，他也沒有接受。他說他唯一的

財產是三套衣服、一雙鞋，萬一鞋子壞了，可能要等一陣子才會有新的給他，他滿不在乎的說，我可以赤腳走路。說到赤腳，他拍一下他的大腿，痛痛快快地說：「我要一輩子做一個窮人，做到我死爲止。」他說的時候，滿臉笑容，快樂得很。

我在想這小子，如果不做修士，一定有一大批女生追他，他一定可以過好的日子，可是他現在什麼都沒有了，只有三套衣服，可是他那種嘻嘻哈哈的樣子，好像他已擁有了一切。

火葬場到了，這所火葬場有一大片房子，房子裡外全是乞丐，我們三人將遺體搬到一個炭堆上，就放在那裡，什麼時候火葬，我們不知道。我感到這好像在丟垃圾，使我非常難過，有一具遺體的布後來散了，我認出這是一個孩子的遺體，他昨天什麼都不吃，一位修士情急之下，找了極像奧黛利赫本的英國義工來餵他，卻也動不了他求死的決心，昨天下午就去世了。還好

死前有人握了他的手，據說他在垂死之家四進四出，好了就出去流浪，得了病又回來，最後一次，他已喪失鬥志，不吃飯不喝水，也幾乎不肯吃藥，只求人家握住他的手。

遺體放好，我們一轉身，二隻大烏鴉立刻飛下來啄食，它們先用腳熟練地拉開布，然後就一口一口地吃起來。死者的手，原來放在身上的，因爲布被拉開，我眼看他的右手慢慢地垂了下來，碰到了地。布一被拉開，我也看到了他的臉，兩只眼睛沒有閉，對著天上望著，滿臉淒苦的表情。我們都嚇壞了，跑回去趕烏鴉，我找到了一塊大木板，將遺體蓋上，可是頭和腳仍露在外面。

雖然只有幾秒鐘的時間，那位孩子無語問蒼天的淒苦表情，以及大烏鴉來啄食的情景，已使我受不了了。

回來以後，還有一件事在等著我，又有人叫我：「修士，我要你幫

忙。」原來我們要抬垃圾去倒，垃圾中包含了死者的衣物，垃圾場要走五分鐘，還沒有到，一堆小孩子就來搶，垃圾堆上起碼有三十隻大烏鴉在爭食，更有一大批男女老少在從垃圾堆裡找東西。

貧窮，貧窮，貧窮。這次我眞的看到了貧窮所帶來的悲慘，由於大家的推推拉拉，我的衣服完全遭了殃，我當時還穿了圍裙，圍裙一下子就變髒了。

我的心頭沉重無比，這種景象，以前，我只在電視和報紙上看到，現在，活生生地呈現在我的面前。

回到垂死之家，一位修女下令叫我去教堂祈禱，他說修士們都已去了，我也該去。修士們果眞在，那位陪我去的修士盤腿而坐，兩手分開，低頭默想，看上去像在坐禪，嘻皮笑臉的表情完全沒有了。

而我呢？我坐在他們後面，還沒有坐穩，我的眼淚就泉湧而出，我終於

了解了德蕾莎修女的話：

「一顆純潔的心，會自由地給，自由地愛，直到它受到創傷。」

我過去也號稱為窮人服務過，可是我總找些愉快的事做，我在監獄裡服務時，老是找一些受過教育的年輕人做朋友，絕不敢安慰死刑犯，不僅怕看到手銬和腳鐐，更怕陪他們走向死亡，我不敢面對人類最悲慘的事。

現在我仍在做義工，可是是替一群在孤兒院的孩子們服務，這群孩子，被修女們慣壞了，個個活潑可愛而且快樂，替他們服務不僅不會心痛，反而會有歡樂。

我雖然也替窮人服務過，可總不敢替「最窮」的人服務，我一直有意無意地躲避人類的真正窮困和不幸。因此，我雖然給過，也愛過，可是我始

終沒有「心靈受到創傷」的經驗，現在我才知道，其實我從來沒有眞正地愛，眞正地給過。

可是五十六年來舒適的日子，忽然被這二小時的悲慘情景所取代，想起那四位死者，其中一位低垂的手，對著蒼天望的雙眼。此時窗外正好下著大雨，他不僅在露天中被雨淋，還要被烏鴉啄，我這次確確實實地感到難過到極點了。

耶穌的苦像在我前面，我又看到了「我渴」，做了四十年的基督徒，今天才明瞭了當年耶穌所說「我渴」的意義，可是我敢自稱是基督徒嗎？當基督說「我渴」的時候，我大概在研究室裡做研究，或在咖啡館裡喝咖啡。

我向來不太會祈禱，可是這一次我感到我在和耶穌傾談，我痛痛快快地和耶穌聊天，也痛痛快快地流淚，淚流了一陣子，反而感到一種心靈上的

平安。我感謝天主給我這個抬死人遺體和到垃圾場的機會。我感到我似乎沒有白活這輩子。抬起頭來，卻發現那位修士坐在我的旁邊，他顯然看到我流淚，來安慰我的。

他說：「先生，你的汗味好臭，我們都吃不消你的臭味，你看，修士們都被你臭走了，現在只有我肯陪你，你比我們印度人臭得多了。」

我知道他是來安慰我的，雖然我汗流浹背，衣服全濕了，也的確臭得厲害，可是他笑我比印度人臭，總不能默認，因此我做了一手勢假裝要打他一拳。

當時我們仍在聖堂內，這種胡鬧實在有點不像話，我們同時走到聖堂外面去，那位修士，四處張望一下，發現無人在場，做了一個中國功夫的姿勢，意思是如果我要揍他，他武功更好。

他說其他義工都只穿短褲和T恤，只有我穿了一件襯衫和長褲，修士們

都穿襯衫和長褲，我當時又沒有帶手錶，才會被人誤認爲修士。他調皮的說：「下次再來，一定仍由你去火葬場，你最像抬遺體的人。」我聽了以後，心裡舒服多了。

離開垂死之家以前，我又幫忙洗了碗。在大門口，這位修士背了一只麻布口袋準備離去，口袋上寫著M.C.（Missionaries of Charity），他看到了我，對我說：「明天我不來這裡。」然後他調皮地說：「修士，再見。」

我注視他的麻布口袋以及他衣服上的十字架。好羨慕他，他看出我的心情，兩手合一地說：「只要你繼續流汗，流到身體發臭，你就和我們在一起。」

我也兩手合一地說：「天主保佑你，我們下次見面，恐怕是在天堂了。」我看到他拿起袖子來偷偷地擦眼淚。

隔天，我坐計程車去機場，又看到一位修士和一位日本義工在照顧一位

躺在街上的垂死老人，今天清晨，老人的家人將他抬來，遺棄在街頭。修士在叫計程車，日本義工跪下來握住老人的手。他是醫學院的學生，看到我，他說：「絕無希望了。」雖然也許眞的沒有希望，可是這位老人至少知道，世上仍有關懷他的人。

我當時恨不得不再走回計程車，留下來永遠地服務。

雖然只有兩天，垂死之家的經驗使我永生難忘。

我忘不了加爾各答街上無家可歸的人。

我忘不了一個小男孩用杯子在陰溝裡盛水喝。

我忘不了兩個小孩每晚都睡在我住的旅館門口，只有他們兩人，最大的頂多四歲。

我忘不了垂死之家裡面骨瘦如柴的病人。

我忘不了那位年輕的病人，一有機會就希望我能握住他的手。

我忘不了人的遺體被放在一堆露天的煤渣上，野狗和烏鴉隨時會來吃他們，暴風雨也會隨時來淋濕他們。他們的眼睛望著天。

我忘不了垃圾場附近衣不敝體的窮人，他們和野狗和烏鴉沒有什麼不同，沒有人類應有的任何一絲尊嚴。

可是我也忘不了德蕾莎修女兩手合一的祝福，和她慈祥的微笑。

我更忘不了修士修女們無限的愛心和耐心。

我忘不了修士修女們過著貧窮生活時心安理得的神情。

我忘不了那麼多的義工，什麼工作都肯做。

我忘不了那位日本義工單腿跪下握住乞丐手的姿態。

雖然我看見了人類悲慘的一面，我從來沒有見過如此多善良的人。德蕾莎修女最大的貢獻是她將關懷和愛帶到人類最黑暗的角落，我們更應該感謝的是她們感動多少人，多少人因此變得更加善良，我應該就是其中的一

個。

5. 讓高牆倒下吧

德蕾莎修女當年並不一定要走出高牆的。

她可以成立一個基金會，僱用一些職員，利用電腦和媒體，替窮人募款，然後找人將錢「施捨」給窮人。

她也可以只是白天去看看窮人，晚上仍回來過歐洲式舒適的生活。

甚至她只要每週有一天去服務窮人一下，其他的日子都替富人服務。

可是她自己變成了窮人，因爲她要親手握住貧窮人的手，陪伴他們步向死亡，再也不會逃避世上有窮人的殘酷事實，她不僅照顧印度的窮人，也照顧愛滋病患，最近，高棉很多人被地雷炸成了殘廢，沒有輪椅可坐，德蕾莎修女已親自去面對這個事實。

她單槍匹馬走入貧民窟，勇敢地將世人的悲慘背在自己身上。

她完全走出了高牆。

我們每個人都在我們心裡築了一道高牆，我們要在高牆內過著天堂般的生活，而將地獄推到高牆之外。這樣，我們可以心安理得的假裝人間沒有悲慘。儘管有人餓死，我們仍可以大吃大喝。

讓高牆倒下吧，只要高牆倒下，我們就可以有一顆寬廣的心。

有了寬廣的心，我們會看見世上不幸的人，也會聽到他們哀求的說：「我渴」。

看見了人類的不幸，我們會有熾熱的愛。

有了熾熱的愛，我們會開始替不幸的人服務。

替不幸的人服務，一定會帶來我們心靈上的創傷，可是心靈上的創傷一定會最後帶來心靈上的平安。

如果你是基督徒，容我再加一句話。
只有經過這個過程，我們才能進入永生。

結語——最高的成就

這本書終於寫完了，寫這本書時，我已是八旬老翁。做爲老翁，有一個好處，那就是知道未來是什麼樣子的，沒有一位老人可以改變他的未來。最近我寫了一則短篇故事，叫做〈最高的成就〉，我以這則故事作爲書的終結篇。各位一定懂得爲什麼我要這樣做。

最高的成就

董教授年歲已大，最近他的身體實在不好，已經住進了醫院。他是我和小張的指導教授，前些日子，我們去醫院看他。董老師雖然很虛弱，但是看到我們仍然很高興。他忽然問我，你是開車來的嗎？我說是，他說他想要出去兜風。這當然要得到醫生的同意，那位醫生考慮了一下，就和董老師說，只要事後你的家屬不告我們醫院，我就讓你出去。董老師說，他們絕對不會做這種事的。醫生就同意了，並說可以找一位護士陪同，但是董老師拒絕。

董老師上了車，就指定了一個地方，我知道這個地方離新竹不算遠，但也算是偏遠地區。快到的時候，董老師指揮我方向，最後叫我停在一個機構的門口。我發現這是一所兒童中心，我想起董老師一直在這裡義務地教小

孩。我們攙扶了董老師進入這個兒童中心，有很多孩子顯然是記得他的，他們本來是有志工在替他們上課的，但是一看到董老師，立刻瘋狂地跑過來和他見面，高興得不得了，大概是因爲已經很久沒有見到他了。

董老師找了一張椅子坐下，開始問一些孩子英文和數學。我記得英文他問的是有關被動語氣的句子，而數學，他則是問了幾個有趣的因式分解題目。這些孩子都沒有被他問倒，董老師因此感到非常高興。但是兒童中心的老師和修女們覺得董老師應該休息，所以他們建議大家一起照張相。董老師當然是坐著的，旁邊的孩子聽說要照相，也就非常快樂地做出各種手勢。我注意到老師和修女們的表情比較嚴肅。

回來的時候，董老師多半是睡著的，但是他忽然請我打電話給醫院，請醫院通知神父和家屬。令我感到訝異的是，醫院並沒有對這句話感到吃驚。

在神父做完臨終聖事以後，董老師很平靜地離開了人世。他的大兒子問我有關出去兜風的事，我據實以告。他問我，孩子們看到老師的時候，有沒有非常高興？是不是在歡樂之中照相的？我說對，他說，我的爸爸一直認爲他要在孩子們的歡笑中離開人世，他的願望果眞也成眞了。

雖然董教授是個相當不錯的學者，但他的追思會中卻沒有一個人致詞，主持人請大家唱了幾首離別的歌，放映了很多董教授和頑童們的合影。在最後一首歌唱完以後，螢幕上出現了一句話：「人生最高的成就是在孩子歡樂中離開。」

博雅文庫 245

回首・揮手——李家同

作　　者　李家同（92.3）
發 行 人　楊榮川
總 經 理　楊士清
總 編 輯　楊秀麗
主　　編　王正華
責任編輯　金明芬
封面設計　姚孝慈
出　　版　五南圖書出版股份有限公司
地　　址　106台北市和平東路二段339號4F
電　　話　（02）2705-5066
傳　　真　（02）2709-4875
劃撥帳號　01068953
戶　　名　五南圖書出版股份有限公司
網　　址　https://www.wunan.com.tw
電子郵件　wunan@wunan.com.tw
法律顧問　林勝安律師事務所　林勝安律師
出版日期　2020年12月初版一刷
定　　價　新台幣380元

國家圖書館出版品預行編目資料

回首・揮手：李家同／李家同著. -- 初版.
-- 臺北市：五南圖書出版股份有限公司,
2020.12
面；公分

ISBN 978-986-522-355-7 (平裝)

1.李家同　2.教育家　3.臺灣傳記

783.3886　109018094